U0036082

不可思議的占卜法
大衍之數與占驗
黃輝石◎著

胡序

自古以來，人們就對大自然和神秘事物充滿了好奇和畏懼，企圖藉助各種方式來揭開其中的奧秘或者躲避可能的災禍，占卜乃應運而生。占卜的方法多樣，從較為素樸的夢占、鳥占、臟卜，進步到數字占和星占，再演化到八宮卦、金錢卦和推步圖等等。方式雖有不同，目的只有一個：預知未來。

「大衍之數」一詞雖然出現於較晚出（約戰國末至西漢初）的《易繫辭傳》，但是它的源頭可追溯到殷商時代和西周初期的數字卦。大衍之數在周代又被賦予了文化意涵，並且與「陰陽」觀念相結合，占卜之具也從甲骨變為竹子和蓍草，總數從271根簡化為50根，再經過四營十八變，得出「七八九六」四種營數。到了西漢，這四種營數又比附為「少陽、少陰、老陽、老陰」。從此之後，大衍之數影響了後世的八宮卦、火珠林、三陳九卦、梅花易數等占卜方術。因此，大衍之數可說是占驗派的源頭。儘管後世占驗的方術有深淺難易之別，但其共同的文化底蘊則是《易經》所揭櫫的陰陽觀念。也因為如此，占驗術就很自然地與天道（星球運轉與夫節

氣之變化）和丹道（進陽火退陰符）密切地結合在一起了。

黃君輝石的此本新作，是在他的碩士論文的基礎之上，進一步發展而來。黃君深黯易理，擅長以八卦演算預測未來；又開設「道玄講堂」，講授易經，推演人事。這部力作對於各種占驗之方娓娓道來，可說是他二十年來實務經驗和苦心鑽研的結晶，很值得一讀，也可作為日常生活之指南。

當然，天意難測，人心多變，占驗也者，俾能稍窺天機，預為準備而已，讀者實不宜膠柱鼓瑟、刻舟求劍也。

是為序。

胡其德
文學博士
庚寅年葭月寫於台北

序言

「創造可資利用的價值」這句話，乃筆者研《易》的座右銘。於三年前在中華道教學院講授《易經》占驗入門之上課前，陳飛龍教務長招呼說，你應該再去念輔大宗研所，將來學院升格才符合任教資格，於是應然允諾，而以「大衍之數的原理及其應用」做為研究的主軸。

「大衍之數」朱熹認為《易經》是卜筮之書。依《繫辭傳上》的二百二十四個字，從天地之數到四營十八變蘊含著宇宙的化生，日月運行的週期數，曆法之餘數平衡，循環萬物之生成，從而施之於人事。後經朱熹《易學啟蒙．考變占》讓後人得以循跡以用，幾經證實，合乎自然之理路。舉凡考變占共有七種，

以七八不變，九六變為大原則，其一、六爻無動爻，當以卦辭為占（原則如此）；其二、一爻動當以動爻為占（意謂指示明確）；其三、二爻動當以上爻動為占（有所變更）；三爻動則以本卦和之卦的卦辭為占（兩者選擇其一）；四爻動則看之卦相應不動之下爻為占（象徵主體鬆動）；五爻動則看之卦相應不動之爻為占（象徵主體瓦解將盡）；六爻動則看之卦之卦辭為占（象徵主體完全改觀），如乾用九：見群龍無首，

吉。坤用六：利永貞。即最佳明証。所以能知考變占的變化之道即知神之所為乎！

「大衍之數」是占驗具體化的嚆矢，麻衣道者的「火珠林法」、陳摶的「三陳九卦」、邵康節「梅花易數」等等占驗均繼善成性，不斷的推陳出新，百姓日用而不知，乃「大衍之數」運用，天地陰陽之氣，剛柔之質，於人世間之義理於生生不息之中。

「大衍之數」從占驗的原理及其應用到哲理修身養性的實踐，來體會元、亨、利、貞，天之道；吉、凶、悔、吝，人之事，孚、厲、無咎，善補過也。即可知《繫辭傳》二十四章之精髓所在。

本書撰寫期間承蒙胡其德教授鼎力襄助，從題目的確定，論文的撰改到完稿，在文字和觀點方面多所修飾與建言，使本書得以順利完成，在此表達萬分謝意。此外尚有李豐楙教授、賴貴三教授兩位口試委員的指導，使本文更加完備。還有陳飛龍教授的提攜，且並有輔大指導教授莊宏誼導師等的潛移默化以及張文政師兄、黃媄月師姊、郭恕端師姐幫忙整理、打字校對及多方的協助，本人也是銘感五內，願以此書問世，除了回饋諸位前賢之外，尚能對好《易》學者有所裨益。

黃輝石　謹識

庚寅年葭月吉旦

第一章 緒論

本書乃從「大衍之數」的原理及其應用，所發展而來，因此必須理解「大衍之數」在占驗史的地位和後來的影響以及所應研究的範圍和解決的問題。

第一節 大衍之數在占驗史的地位

「大衍之數」最早的文獻出現在《繫辭傳上・第九章》共224個字，目前一般採用的版本是南宋、朱熹《朱熹本義》所重新排列的文本，比較符合占驗的程序，首先由「天地之數」到「大衍之數」以致「當期之數」到「萬物之數」窮變化之道與神合參，佑神酬酢而助人。全文如下：

天一，地二。天三，地四。天五，地六。天七，地八。天九，地十。天數五，地數五，五位相得而各有合。天數二十有五，地數三十，凡天地之數五十有五。此所以成變化而行鬼神也。

大衍之數五十，其用四十有九，分而為二以象兩，掛一以象三，揲之以四以象四時，歸奇於扐以象閏。五歲再閏，故再扐而後掛。

乾之策，二百一十有六；坤之策，百四十有四，凡三百有六十，當期之日。二篇之策，萬有一千五百二十，當萬物之數也。

是故四營而成易，十有八變而成卦。八卦而小成，引而伸之，觸類而長之，天下之能事畢矣。顯道神德行，是故可以酬酢，可與祐神矣。子曰：知變化之道者，其知神之所為乎！

「大衍之數」在占驗史的地位乃源於這短短的224個字，沒有它的存在，就沒有《繫辭傳上．第十章》所說的聖人之道四焉，其一卜筮者尚其占，以及第十一章所說的，夫《易》何為者也，夫《易》開物成務，冒天下之道，如斯而已者也。是故聖人以通天下之志，以定天下之業，以斷天下之疑。

元亨利貞，吉凶悔吝，孚厲無咎這十二個字，從占驗的角度而言，是貫穿整個《周易》不可或缺的元素，也是趨吉避凶，告誡補過的依據。大衍之數的占驗結果完全由這十二個字相互之間的啟示得以發揮其想像空間即所謂「變動以利言，吉凶以情遷」，應用於日常生活之中精神寄託之所在。因此後來解易的學者在這十二字的見解都各有所發揮，尤其元亨利貞這四個字，由占驗引申到哲理，除了《文言傳》之外，其他學者也都有所發揮。

用九、用六，首先出現在（乾卦）用九：見群龍無首，吉。（坤卦）用六：利永貞。按朱熹《易學啟蒙·考變占》所做的解釋即大衍之數的占驗結果，六爻皆九和六爻皆六，也就是乾卦和坤卦全部發動，由純陽變純陰；由純陰變純陽。物極必反的結果，剛柔相易的啟示作用。因此演變成初九、九二、九三、九四、九五、上九和初六、六二、六三、六四、六五、上六等十二爻題在《周易》六十四卦的三百八十四爻以別尊卑貴賤，當位與否，乘承應與，本末居中等一目了然，所以在《繫辭傳下·第九、十章》據此做了說明解卦的原理與方法。原文如下：

《易》之為書也，原始要終，以為質也。六爻相雜，唯其時物也。其初難知，其上易知，本末也。初辭擬之，卒成之終。若夫雜物撰德，辨是與非，則非其中爻不備。噫！亦要存亡吉凶，則居可知矣。知者觀其彖辭，則思過半矣。

二與四，同功而異位，其善不同。二多譽，四多懼，近也。柔之為道，不利遠者，其要無咎，其用柔中也。

三與五，同功而異位。三多凶，五多功，貴賤之等也。其柔危，其剛勝邪。

《易》之為書也，廣大悉備，有天道焉，有人道焉，有地道焉。兼三才而兩之，故六；六者，非它也，三才之道也。道有變動，故曰爻；爻有等，故曰物；物相雜，故曰文；文不當，故吉凶生焉。

這兩章由用九、用六而來，它提供了占驗者解卦的一個參考模式，基本上《周易》的旨意大原則不離乎此，但《周易》的精神在於不可為典要，唯變所適，貴在變通而不可執著。

卜筮之占驗不外乎龜卜和筮數，龜卜乃動物，筮數乃植物取其靈通之性做為占驗的工具，由於環境條件對工具的取得逐漸遞換，但在當時蓍龜是同時並用的。從《繫辭傳上，第十一章》中所言，探賾索隱，鉤深致遠，以定天下之吉凶，成天下之亹亹者，莫大乎蓍龜。可見蓍龜在當時的地位是多麼的崇高。其實蓍草就是

「大衍之數」占驗的工具，取其德圓而神，通心無礙。一根百莖與河圖（55）、洛書（45）相合百數吻合，故謂天生神物。因此《說卦傳》也有論及占驗的地位，昔者聖人之作《易》也，幽贊於神明而作筮，參天兩地而倚數，觀變於陰陽而立卦，發揮於剛柔而生爻，和順於道德而理於義，窮理盡性以至於命。按王夫之在《周易內傳》上說：贊，助也。神明欲下詔於人而無從，聖人以筮助其靈，使昭著也。生，始作之也。蓍蒿屬叢生者草木因天地自然所生而無心，無心故聽。神明之用其靈則在分而為兩之妙，必用此草者取其條直輕韌也。舊說王道得而蓍生滿百莖，聖人參之兩之也。天地渾淪之體合言之則一，分言之則二，聖人以其盈虛而擬天之數以三，地之數以二，卦畫之奇陽、偶陰，既明著其象而揲蓍之法用九用六。蓋人事之吉凶惟所用之盈虛有當、有否，故數可倚之以見道。天地自然之變，發現於物理人情者，六十四象亦略備矣。其變一盈一虛，陰陽互用也。故以十八變而成一卦，因著其象、立其名、顯其性情功效之殊焉。發揮者，因所動之剛柔而即以著其效則爻之吉凶悔吝因之以生，生謂發其義也，陰陽剛柔互言之。在體曰陰陽，在用曰剛柔，讀易之法隨在而求其指大率如此。道即立天立地立人之道，德者道之功能也，

義者隨事之宜也。道德之實，陰陽健順之本體也。以數立卦而生爻，極其變動發揮而不相悖害。道本渾淪因而順之，健順交相濟而和矣，及其因動起事，因事成象，卦各有宜、爻各有當；以別得失以推吉凶，則因時制宜而分析條理以盡義，無不各順其則也，故推其精義合德之蘊，窮天下之理，盡人物之性，而天下繼善以流行萬化者，皆其所造，極聖人之作易一倚數而功化之盛夫，豈可以術測而褻用之乎。

「大衍之數」在占驗史的地位，由王夫之的這一段話即可概括。首先出自於自然的神物（蓍草）再藉由聖人，設計出「大衍之數」的筮法，藉分合盈虛之間得出爻象到卦象，從天道陰陽之氣，降到地理剛柔之質，提昇至人事之間的道德仁義，讓天地人融合成一體，分別而用之，可見其地位之如此崇高。

大衍之數後來的影響

「大衍之數」乃從神秘的數字卦而來，據殷墟甲骨文一八九九年出土的文物，從甲骨文中所發現的數字，就是用來象徵陰爻和陽爻的卦畫概念，因此可以理解陰、陽爻化的前身是數字卦。

從奇偶之數到陰陽爻畫，以至完整的「大衍之數」，可以說是遵循天地自然到人為造化，由無形到有形，生生不息的遞變，以前民用。據文獻記載最早受到「大衍之數」影響的是西漢的孟喜，按唐·僧一行《卦議》說：孟喜一月的策數三十乃取自「大衍之數」的四個盈數，六、七、八、九之和來比附一月的天數30，每月五候，一候六天，一年有七十二候，將物候作為占驗吉凶的依據，首先將一年分作十二辟卦，二十四節氣由六十四卦中的四正卦坎、離、震、兌，每一爻分值一節或氣，然後將其餘的六十卦以每卦值六日七分，相當於每爻值一日。例如冬至（坎·初六）值十五日。初候蚯蚓結，此時呈現的物候是蚯蚓結，若不合物象即表示違反自然將有凶兆之跡象。又冬至逢（中孚）管六日七分，每爻管一天又一分多，因此

（中孚）：豚魚吉，利涉大川。有如一周之值星官。（中孚）的初九：虞吉，有它不燕。有如一日之值日生。因此每天參照卦氣所產生而輪值的卦爻作為行事之依據，就像今日的農民曆。所以在當時孟喜的《卦氣說》用於占驗乃從上天到朝廷以至於庶民百姓，由物候占驗災異到民生曆法。

「大衍之數」變革之最初階段，當以西漢．焦延壽的《易林》為代表。焦延壽，字贛，為著名《易》學家京房（字君明）之師，自謂嘗從孟喜問《易》見《漢書．京房傳》及《儒林傳．京房傳》。所撰《易林》，將《周易》中的每一卦各變為64卦；共得四千零九十六卦，各繫以文辭，皆四言韻語。其書之用乃為占筮而設，使筮者每筮得一卦，即依《易林》文詞為占。例乾之比：中夜狗吠，盜在牆外，神明祐助，消散皆去。按實際占驗而言是初爻起九九九九七九共有五爻發動，依常態而言機率不大，而況六爻全動，所以今已鮮少人用，但《易林》確是受「大衍之數」之影響。

在漢代《易》學家而言，京房對「象數」學的貢獻堪稱最為突出的，他既是漢《易》「卦氣」說的主要倡導者之一，從「大衍之數」的影響又創建了一套嶄新的占筮術，形成了包羅萬象的對後世產生極深遠影響的占驗之學。將64卦重新排列形成了八宮卦，每宮按世六應三、世一應四、世二應五、世三應六、世四應初、世五應二、游魂世四應初、歸魂世三應六，以世爻為卦主，再配以初爻之士，二爻大夫，三爻三公，四爻諸侯，五爻天子，上爻宗廟。再配以乾、兌為金，震、巽為木，坤、艮為土，坎為水，離為火。有天上五星二十八星宿，應地下五行和人事六親，利用五行生剋制化和飛伏來作為占驗的依據，在當時堪稱一絕，但在現今又顯得太複雜，所以在大原則採用，小細節則化繁為簡，所以後來就有唐末・痲衣道者《火珠林》及所謂的「金錢卦（金錢代蓍）」沿用至今而歷久不衰，也為愛好易學者的另一選項，除了「大衍之數」占驗之外，亦可兩者合參，按筆者的經驗依實際狀況須要是可以斟酌運用的。

《梅花易數》可以說是間接受到「大衍之數」所影響，相傳是北宋・邵康節（邵雍）所著，他利用先天八卦，乾一、兌二、離三、震四、巽五、坎六、艮七、坤八，這八個數字代替八卦，舉凡先有數字而成卦的皆是，諸如坊間的「米卦」就是屬先天起卦法，將米堆採取三次分別為上卦、下卦以及動爻，共三堆，得出64卦中之一卦以及動爻。如抓米依次7粒、1粒、3粒，得卦（山天大畜）動九三爻：良馬逐，利艱貞，日閑輿衛，利有攸往。變（山澤損）。解卦則以外卦艮土不動為體，內卦乾金動爻為用，以五行生剋制化作為趨吉避凶之參考，用生體、比旺為吉，體剋用次之，用剋體則凶，體生用洩氣亦凶。此例乃體生用洩氣不吉，顯示當下不利。再看互卦即卦中卦，（山天大畜本卦）上互卦震木，下互卦兌金，對體卦而言，上互為體互，震木近身相剋凶，下互為用互洩氣不吉，意謂著過程剋洩交加，吃力不討好，若是有所營為當有心理準備，最後看變卦，乾金變兌澤而成（山澤損），兌金洩體之氣不利，表示結果不佳，綜上從開始經過程到結果，均顯示不利的兆象，正吻合九三動爻所示良馬逐，利艱貞，日閑輿衛。把此次占問的行動看做一種練習與磨練，談不到利益可言，所以不見可欲使心無亂，反而能從容行事而不氣餒，這就所謂的「利艱貞」。又利用後天起卦，根據《說卦傳》八卦取象以及後天方位，由象轉成卦，起卦不同，論斷相同。舉凡占驗均是受「大衍之數」影響而來，根據個人的體驗與習慣可以採取不同的取卦方式，只要心誠則靈，不管是筮者或求筮者，道心慧斷，誠如醫者父母心，均可為易學占驗做出最大的貢獻。

第三節 大衍之術研究範圍及其要解決的問題

就本文研究範圍來說，從「大衍之數」的原理及其應用論題本身，可以窺探其一二。顯然地，此論題已標示出兩種明顯的範圍，即以「大衍之數理論」和「大衍之數實際運用」作為研究對象。在台灣民間用以「占卜」的道具，除了「米卦」、「文王卦」、「鳥卦」、「象棋卦」、「籤詩」之外，鮮少有人用「大衍之數」來衍算，為人解迷津。其原因在於筮草的取得不容易，且衍算時間過於費時，殊不知「大衍之數」所具有的特殊意涵，包括經典與占驗體用合一，實可為台灣民間重要的宗教經驗之一，故深具研究價值。就本文的研究特色來說，「大衍之數」由大到小（五十其用四十九）深入淺出，將理論部分如二派六宗，甚至二派十宗，貫串到實務上，更接近生活之必需，以作為決斷疑惑的最好依據，並建構出《老子・道德經》所說的：「言有宗，事有君」的準則，以符合《家人卦》象傳所云：「君子以言有物而行其恆」。有了這樣的特色，研究出來的成果，便能持續不斷的深入而不輟於「寓理于算」。

就本文所要解決的問題說明如下：

第二章「大衍之數」的淵源，認識從天地之數、河圖、洛書，數字卦到大衍之數的淵源為論題。首先從「天地之數」到「大衍之數」，根據漢．鄭玄注《易緯》、魏．王弼注《周易》以及宋．朱熹撰《周易本義》、《易學啟蒙》等三者的觀點，來加以研究天地之數與大衍之數淵源。其次從河圖、洛書到大衍之數，根據宋．陳摶著《龍圖序》的龍圖三變，劉牧《易數鈎隱圖》、宋．朱熹《周易本義》、《易學啟蒙》、《朱子語類》及宋．丁易東撰《大衍索隱》等四者之啟示，來探究河圖、洛書與大衍之數的淵源。再者從數字卦（出土文物中的神秘數字）到大衍之數、天地之數，純屬自然之數，河圖、洛書，數字化到宋代的文獻才算完整，所以屬文化之數，大衍之數是介於自然與文化之中，從數字亦可以理解出一些道理，所以，以上三者均與大衍之數的淵源非常密切。

第三章「大衍之數」內涵及其操作，「大衍之數」的源流，當知筮法的構成要素，即道具（竹、蓍草）和筮法的原則性（任意性、相等性、變動性、最小性）。亦須明瞭大衍之數的用途（以言者尚其辭，以動者尚其變，以制器者尚其象），更重要的是大衍之數的占斷（以卜筮者尚其占）。大衍之數的內涵解讀，從宏觀的兩派六宗到近代現實生活。象數派代表，漢・京房，鄭玄，邵雍；義理派代表，王弼（掃象數歸義理），胡瑗，程頤（義理），朱熹（義理兼象數），楊萬里（史事），李杞（史事）；近代高亨（史實兼義理），金景芳、呂紹綱（義理），用以上三者，從不同角度探究大衍之數的內涵，即能不偏倚，合乎唯變所適的原則。

「大衍之數」的操作方式首重筮儀。從先秦筮禮到唐宋筮禮，及現今台灣伏羲廟的筮禮。其次筮辭，李鏡池認為有三種（象占之辭、敘事之辭、貞兆之辭）；高亨認為有四種（記事、取象、說事、斷占）。在實務上，筆者慣用有五種（前辭、命辭、象辭、占辭、驗辭）。再其次是筮法，依朱熹分、掛、揲、扐，四營一變，三變成爻，九變小成，十八變大成。最後變占，有春秋變占法、朱熹變占法、高亨變占法等三種原則性的變占法。此章為本文主體，所以特重視其原理與實踐的貫通性。

第四章「大衍之數」的衍申與應用。「大衍之數」為占筮的源頭，發展出孟喜「卦氣說」、京房「八宮卦世應說」、麻衣道人的《火珠林》，及邵康節的《梅花

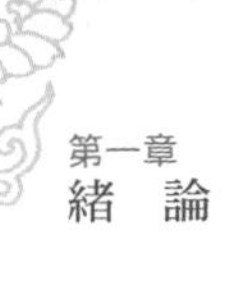

易數》，為後世易學家所遵循的法則，而擇其善用之。本章主在探討「大衍之數」對於孟喜「卦氣」說、京房「八宮卦」說、「世應」說之影響；及「大衍之數」與占驗和丹道的關係；進而申論「大衍之數」如何運用在現代生活。

以上把「大衍之數」完整的貫串下來，即所謂觀其會通，行其典禮的最佳寫照；關鍵在於用「命辭」，可因人、事、時、地、物，來決定求筮的方法，以達到趨吉避凶的最大效果。

第五章結論，總論前面數章的主要觀點。融會貫通之後，點出「大衍之數」從理論到實務的種種連結。

附錄所載，包括了《火珠林》的解卦法及解卦應用，實事例証，今台灣太昊伏羲廟筮儀，卦氣說六日七分圖，制器尚象職業取向，吉、凶、悔、吝、厲、無咎詳解，百位數字與象意，人命配卦等以實例及延伸的相關議題，讓讀者明白大衍之妙與卦爻辭相應之理。

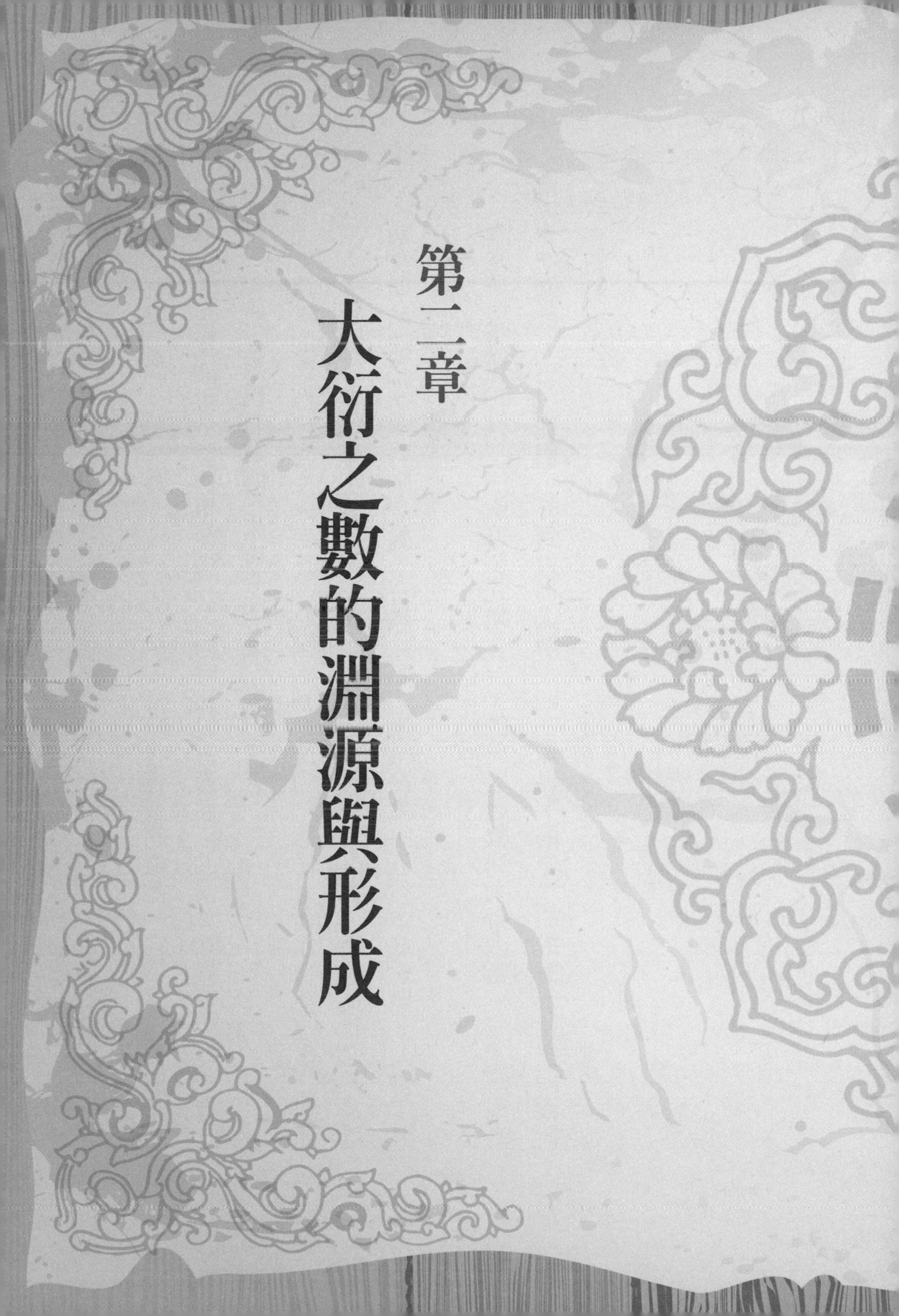

第二章 大衍之數的淵源與形成

《易》學上的「數」為一種神秘高深，又涵義寬廣的象徵。它不僅具有形而上的哲學意義，比如說一並非單純指一，同時又具有形而下的演算功能。尤有進者，《周易》大衍之數也有當成「趨吉避凶」的生活指南。

大衍之數的淵源，應從「自然」意涵談到「文化」意涵。所謂自然之數，是不待人刻意安排的，譬如草木蓍龜、天地之數、河圖、洛書之數。所謂文化之數是透過人類文明的演化，有陰陽之數、奇耦之數、大衍之數、五行生成之數，及數字卦等數字觀。

本章所要討論有以下三個重要問題：一、從天地之數到大衍之數。二、河圖洛書與大衍之數。三、從數字卦到大衍之數。四、《易繫辭傳》的成書時代與「大衍之數」的始用。

第一節 從天地之數到大衍之數

天地之數是構成《周易》占驗的基本之數，尤其它是大衍之數的源頭，因此可從漢・鄭康成注《易緯・乾坤鑿度》[1]、魏・王弼注《周易正義》[2]，及宋・朱熹注《周易本義》[3]等三大文獻加以探究。今王博認為整個揲蓍成卦的過程，好比天數和地數交替展開的過程[4]，正點出了天地之數與大衍之數的關係。

一、漢・鄭康成對天地之數的觀點

1 〔漢〕鄭康成注：《易緯・乾坤鑿度》（台北：新文豐出版，1987年）。

2 〔魏〕王弼，韓康伯：《注》，〔唐〕孔穎達：《疏》：《周易》（台北：中文出版社，1971年9月影印，清嘉慶二十年阮元用文選樓藏宋刊《十三注疏》本。

3 〔宋〕朱熹撰：《周易本義》，收入《四庫全書》，《易學精華》中冊，影印，（山東：齊魯書社）頁1075。

4 王博《易學通論》，（北京：中國書店，2003年）頁159。

《易緯》對《周易》的解讀一開始即談到易者，易也、變易也、不易也，三個定義[5]；接著談到易有太易、太初、太始、太素也[6]。形容宇宙由無到有，一切是氣化到有形有質；更進一步談到易變而為一，一變為七，七變為九，九者氣變之究也，乃復變而為一[7]。用數字來表達一切事物由始到壯到究極，反覆的循環。這三點對天地之數到大衍之數已具有正面的連結。

據《易緯．乾坤鑿度》云：

「易起於無，從無入有，有理若形，形及於變而象，象而後數」[8]。表示數的形成，是從無變化到有；從有理轉而成形，又變成象，最後才到數。

天數，一（一者，天也。）九，（用之為九。）二十五，（數成為用，盡二十五。）[9]

5 見鄭康成注《易緯．乾坤鑿度》頁1。
6 同前註，頁8。
7 同前註，頁9。
8 同前註，頁25。
9 同前註，頁26。

所以天數從一到九，合而用之為二十五。

> 地數，二（二者，有偶也。）六，（定性）。三十，（乘上五滿）。[10]

所以地數是偶數，從二開始，以六為中，乘以五為三十，是地數之和。又六為定性即每卦六爻也。

> 衍天地合和數，天地一、二得三，合九六（十三，十二餘一。）合二十五及三十。（得五十五，天地之數五十五。）[11]

所以天地合和之數由一二得三，相加得六，相乘得九，合用九、用六。十三乃大衍之數用四十九減去得三十六為乾之策數。十二餘一乃大衍之數用四十九減一除四，得十二象徵一年十二月。天地之數乃合二十五及三十得五十五。

> 乾策二百一十六，一策三十六，策滿六千九百一十二。[12]

所以乾策乃上述十三（四與九之相乘）而來，一策代表一陽爻，六十四卦陰陽爻個

10 同前註，頁26。
11 同前註，頁27。
12 同前註，頁27。

半，即一百九十二爻乘以三十六策，共六千九百一十二策。

坤策一百四十四，一策二十四，策滿四千六百零八。[13]

所以坤策乃以二十四乘以一百九十二爻，得四千六百零八策。

八策，萬一千五百二十。（古人合策，同萬物，春生夏長，秋收冬藏，四時也，各配四方。）[14]

所以萬物之數的概念，乃從「大衍之數」的策數總合而得來。所謂八策即指八卦的策數，全部三百八十四爻，分陰陽老少之總合的一種抽象的概數，萬物何止此數。

生天數，天本一而立，一為數源，地配生六，乘天地之數，合而成（水）性，天三地八（木），天七地二（火），天五地十（土），天九地四（金）。運五行，生水次木，生火，次土及金。木仁，火禮，土信，水智，金義。又《萬明經》曰：水土兼智信，木火兼仁惠，五事天性，訓成人倫[15]。所以天地生成之數，以天一為

13 同前註，頁28。

14 同前註，頁28。

15 同前註，頁29。

數之源頭，配地六生成水，五行依次相生為水、木、火、土、金。又用在人事上配仁、義、禮、智、信為五常。

天地合策數五十五，所用法古四十九，六而不用，驅之六虛。（數，本生之數，所用六虛，上下四方，各配之一。）[16]

所以大衍之數乃用天地合策數，五十五減去上下四方而得四十九之用數由來。

由上所述可得知，天地之數與大衍之數的密切關係，是為從自然的衍化趨漸文明，雖然注解不多，但能體會其中，數與數之間均有其關聯性。除了筮法，並觸及五行延伸至人事，為後人提供更多衍化的想像空間。

二、魏・王弼對天地之數的觀點

在《周易》通行本，王弼做了很大貢獻，將經、傳合成一冊，為後世學者承襲使用。在思想上掃象數而重義理，此一思維顯現在其著作《周易略例・明象篇》的

16　同前註，頁29。

一段話，「得意忘象，得象忘言，得言忘意」。[17]言、象、意三者代表工具，思想、目的的相互轉換，這樣的觀點對《周易》的解讀，就不會受限於時空背景，而可隨機應變於複雜的人事間，尤其對於從天地之數到大衍之數的理解更有裨益。

所謂天地之數與大衍之數，據王弼通行本《周易．繫辭傳上》所云：

「大衍之數五十，其用四十有九，分而為二以象兩，掛一以象三，揲之以四，以象四時，歸奇於扐，以象閏，五歲再閏，故再扐而後掛。天數五，地數五，五位相得而各有合。天數二十有五，地數三十。凡天地之數五十有五，此所以成變化而成鬼神也……天一、地二、天三、地四、天五、地六、天七、地八、天九、地十。」[18]

按以上章節是通行本之早期文獻，大衍之數的筮法排列在前面，然後再解說天地之數，在理解上有些不順之感，以下針對他對天地之數的觀點述之，

17 〔魏〕王弼著：《周易略例》，嚴靈峯編輯：《無求備齊易經集成》之一四九，（成文出版社，1976年），頁17。

18 見王弼：《周易正義》，頁165。

> 天數五，五奇也。[19] 即一、三、五、七、九也。地數五，五耦也。[20] 即二、四、六、八、十也。五位相得而各有合，天地之數各五，五數相配以合成金、木、水、火、土。[21]

即天一與地六相得合為水，地二與天七相得合為火，天三地八相得合為木，地四天九相得合為金，天五地十相得合為土也。所以天地之數轉化到五行的基礎，是由此而來的。

> 天數二十有五，五奇合為二十五。[22]

即一、三、五、七、九，五個奇數相加之和。

> 地數三十，五耦合為三十。[23]

即二、四、六、八、十，五個偶數相加之和。

---

19 同前註，頁165。
20 同前註，頁165。
21 同前註，頁165。
22 同前註，頁165。
23 同前註，頁165。

凡天地之數五十有五，此所以成變化而成鬼神也，變化以此成，鬼神以此行。[24]

即用天地兩數相合為五十五，成其變化。用陰陽、奇偶、五行，成其如鬼神之神秘莫測，逆知未來。

天一、地二、天三、地四、天五、地六、天七、地八、天九、地十，故明易之道先舉天地之數。[25]

即通曉易理之道，必先了解天一到地十天地之數的相互關連，從個別到相合甚至整體，各有不同的功用，有此思維才能對《易》學的體用相互貫串。

按以上所述得知，天地之數五十五乃藉由大衍之數的演算過程，而得到陰陽、奇耦，即六、七、八、九變化的結果逆知未來，做為決策的準則，所以天地之數與大衍之數兩者之間是有其必然的連繫。

24 同前註，頁165。
25 同前註，頁167。

三、宋・朱熹對天地之數的觀點

「大衍之數」能持續受重視，當肇因於朱熹在《朱子語類・易綱領》的一句話：《易》本為卜筮而作[26]。及《易學啟蒙》中（明蓍策）與（考變占）[27]這兩篇；將「大衍之數」如何演算到如何解卦均詳細說明，讓後學者得以遵循而受到啟發。更值得一提的是將《繫辭傳上》有關天地之數與大衍之數的內容重新排列。

按朱熹《周易本義・繫辭傳上》云：

「天一、地二、天三、地四、天五、地六、天七、地八、天九、地十。天數五，地數五，五位相得而各有合。天數二十有五，地數三十。凡天地之數五十有五，此所以成變化而成鬼神也。大衍之數五十，其用四十有九，分而為二以象兩，卦一以象三，揲之以四，以象四時，歸奇於扐以象閏，五歲再閏，故再扐而後卦……。」[28]

26 〔宋〕黎靖德編，王星賢點校：《朱子語類》，卷66第四冊，（北京：中華書局，2007年），頁1620。
27 〔宋〕朱熹撰，李一忻點校：《周易本義・易學啟蒙》（北京：九州出版，2004年），頁373-386。
28 見朱熹：《周易本義》，頁1075。

這一章節的排列，朱熹是自王弼《周易正義》所謂的通行本，重新編排沿用至今的版本。以下是他的觀點，有四：

第一、認為天地之數與河圖相關。

其位一六居一，二七居上，三八居左，四九居右，五十居中。五為衍母，十為衍子。一、二、三、四，為四象之位。六、七、八、九，為四象之數。二老位於西北（即先天北方的一六取其成數老陰及西方四九取其成數老陽），二少位於東南（即先天南方的二七取其成數少陽及東方取其成數少陰）。[29]

此一觀點道出大衍之數五十，由天地之數相關連河圖居中的五與十相乘之積而來。

第二、認為天地之數相得各有合。

相得謂一與二，三與四，五與六，七與八，九與十，各以奇耦相得。有合謂一與六，二與七，三與八，四與九，五與十，皆兩相合。天數二十五（五奇之積也），地數三十（五耦之積也）相合五十五。[30]

29 同前註，頁1075。
30 同前註，頁1075。

此一觀點將相得與相合分開，不變的是均一陰配一陽，如同大衍之數的筮法有分有合一樣。

第三、認為成變化而行鬼神。

> 變化為一變生水而六化成之，二化生火而七變成之，三變生木而八化成之，四化生金而九變成之，五變生土而十化成之。鬼神謂凡奇耦生成之屈伸往來者。[31]

此一觀點將變化分成陽變而陰化，將陰陽依序變化成水、火、木、金、土。雖五行實為四象，即天地之數有五行之體，而大衍之數僅用其四象，由演算而得到結果形同鬼神之奧妙。

第四、認為大衍之數五十，筮法則止用四十九，蓋皆出於理勢之自然，而非人力所能損益。[32]此一觀點是從天地之數的五十五到大衍之數五十，及筮法用四十九，三者之間是一種自然的理勢，並非是因人力而造成，或許可說神授之自然，有時在

31 同前註，頁1075。
32 同前註，頁1075。

生活經驗中亦有如此感受。

由以上所述之四種觀點，証明大衍之數與天地之數的關係是非常明確的。

綜合上述三位學者觀點；一致認為大衍之數來自天地之數，而天地之數乃是自然之數，從無到有分陰陽、奇耦、五位相得合，變化生成五行、四象，並由大衍之數得到一年週期之數以及萬物之數。因此對過去而言，唯有窮盡天地之數的探究，方能理《周易》大衍之數的奧妙；對未來而言，金、木、水、火、土，五行、四象，乃是大衍之數延伸應用的必備元素。

所以天地之數到大衍之數，並非只單純一到十，形而下的加減乘除演算功能，而是能具體落實到生活息息相關之哲理化之最高境界。

河圖、洛書與大衍之數

《繫辭傳》中出現「河出圖、洛出書，聖人則之」的文字，但是關於河圖和洛書的詳細情形，則語焉不詳，吾人只能從五代、北宋象數易學家的作品，窺出一斑。大衍之數五十其用四十九，這兩個數介於河圖、洛書四十五與五十五之間，也就是圖九、洛十或洛九、圖十兩者的變化之中。朱熹《易學啟蒙》中指出，河圖、洛書與大衍之數皆是天地之數及其變化，未有先後之別。[33] 職是以觀，河圖、洛書與大衍之數應同時出現在《繫辭傳》成書之前，無先後之別。

《周易．繫辭傳上》云：「河出圖、洛出書，聖人則之」。孔穎達引鄭康成之義，依《春秋緯》說：「河以通乾出天苞，洛以流坤吐地符」。河龍圖發，洛龜書感，河圖有九篇，洛書有六篇。孔安國認為依河圖畫八卦是也，依洛書至九疇是也。[34]

33 〔宋〕朱熹：《易學啟蒙》（北京：九州出版），頁358。
34 見王弼：《周易正義》，頁169。

以上對河圖、洛書的記載僅限於河圖出天苞，洛書吐地符。龍圖即河圖，龜書即洛書，和河圖有九篇有如乾用九，洛書六篇有如坤用六，以及伏羲效法河圖畫八卦，大禹依洛書創制九疇而已，並沒有詳細的數字說明，惟有到宋代才有文獻具體說明河圖、洛書與數字的關係。

因此要研究從河圖、洛書到大衍之數這一個命題，有四個步驟必須討論，即陳摶的《龍圖序》、劉牧《易數鈎隱圖》、朱熹《周易本義．易學啟蒙》以及丁易東《大衍索隱》等四位，將理論到實務逐一敘述如下：

一、陳摶《龍圖序．龍圖三變》對河圖、洛書的詮釋

作為黑白點數字圖式的河圖、洛書的確立，是在五代或宋代初年。其創始人相傳是華山道士陳摶[35]，著有《龍圖序》提出「龍圖三變」說，即一變為天地未合

35 陳摶據朱震在《漢上易傳．表》說：「陳摶以〈先天圖〉傳种放，放傳修，修傳李之才，之才傳邵雍。放以〈河圖〉、〈洛書〉傳李溉，溉傳許堅，堅傳范諤昌，諤昌傳劉牧。穆修以〈太極圖〉傳周敦頤，敦頤傳

之數，二變為天地已合之位，三變為龍馬負圖之形。以此解釋《周易・繫辭傳上》「大衍五十有五」一章。[36]茲分述如下：

（一）第一變，為龍圖未合之數。

據陳摶說：

> 龍圖在未合之時，惟五十五數，上二十五，天數也。中貫三五九，外包之十五，盡天三，天五，天九并五十之用。後形一六無位，又顯二十四為用也，茲所謂天垂象矣。下三十，地數也，亦分五位，皆明五之用也。十分而為六，

程顥、程頤。是時，張載講學於二程、邵雍之間，故雍著《皇極經世》之書，牧陳天地五十有五之數，敦頤作《通書》，程頤述《易傳》，張載造〈太和〉、〈參兩〉等篇」。參見南宋朱震《漢上易傳・表》，（上海：上海古籍出版社，1990），頁5。依此而言，圖書易學始於宋代，是從華山道士陳摶所出，後分為三個支派：一派是傳〈河圖〉、〈洛書〉圖式的劉牧，以〈九宮圖〉為〈河圖〉，〈五行生成圖〉為〈洛書〉，並配以天地之數五十五的數，來推論宇宙化生的過程和大衍之數的關係。一派是傳〈先天圖〉的邵雍，作《皇極經世》，並傳〈先天八卦圖〉等，強調用四或八的倍數，作為推演宇宙萬物化生的過程。另一派是傳〈太極圖〉的周敦頤，以圖象解析天地萬物，並認為天地萬物是從一個本體「太極」化生出來。

36 見張其成：《易圖探秘》，頁112–113。

形地之象焉。六分而成四象，地六不配，在上則一不用，形二十四；在下則六不用，亦形二十四。[37]

見附圖2.2.1。

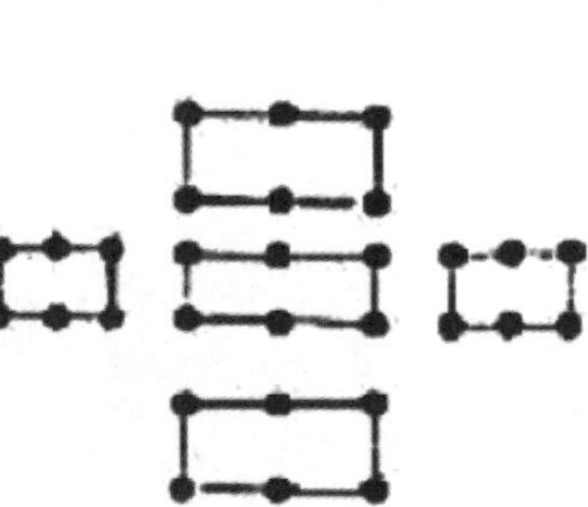

圖2.2.1 龍圖天地未合之數

從2.2.1圖看此時天地之數五十五各自分開，上二十五為天數，下三十為地數。中貫三、五、九，外包十五。此圖以白圈代表天數，以黑圈代表地數。天數在上，地數在下，象徵天地。天數之合二十五，地數之總合為三十，本于《周易．繫辭傳上》之文。[38]天數排列的次序是，五個組的縱橫排列亦為三，此即「天三」。五個組在一起，其縱橫之數皆為

37 〔元〕張理：（仲純），《易象圖說內篇》，收入《正統道藏》第四冊，（台北市：新文豐，1985年），頁803。

38 見朱熹《周易本義》，頁276。

九，即「天九」。縱的橫的總數均為十五。地數三十，其排列的次序是，每六個數為一組，共分五個組，五個組縱橫排列，每組的數為六，中間三組之縱數亦為六。天數以五為單位而組成，地數以六為單位組成。五為奇數，六為偶數，故又稱為天地之中數。在曆書而言，象徵五日一候，一月六候之數。

（二）第二變，為天地已合之位。

據陳摶說：

第二變天地已合也，天一居上為之宗，地六居下為之本。天三斡地二、地四為用，三若在陽，則避孤陰；在陰，則避寡陽。[39]

見附圖2.2.2。

39 見張理《易象圖說內篇》，頁803–804。

圖2.2.2 龍圖天地已合之位

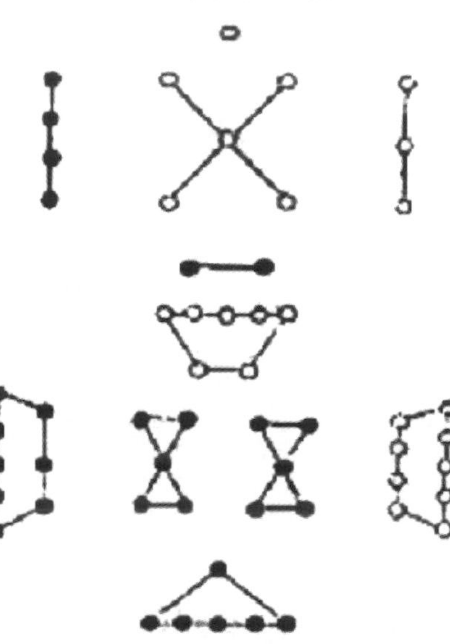

從2.2.2圖看，天地之數交互配合。天數中的五組，共計十個數，成為奇偶之數配合之狀；地數中之五組，分開後另行組合，亦成為奇偶之數配合之狀。

上圖2.2.1五組天數去四個數，上五去四為一，左五去一為四，右五去二為三，下五去三為二，中五不動，即成2.2.2圖上之式。地數中六去一加于上六為七，去二加于左六為八，去三加于右六為九，下六不加仍為六。即成2.2.2圖下之式。2.2.2圖上中的的五個組，即一二三四五之數，表示五行之生數；2.2.2圖下中的五個組，即六七八九十之數，表示五行之成數。圖上天象中的五個數，各加以五數，則成圖下地象之數，即天一加五為地六，地二加五為天七，天三加五為地八，地四加五為天九，天五加五為地十。兩圖之數之總合為五十有五，即天地之數。由文與圖進而得知天地生成之數、參天兩地之數、陰陽奇偶之數（用九用六）、四象之數（六、

七、八、九）、八卦之數、六十四卦之數。所以成數六七八九者蓍數卦爻之用也。一二三四五生數為體而成數為用，體用合一造化之妙也。

至於三若在陽，則避孤陰；在陰則避寡陽。誠如生數一、二、三、四、五，陽中有陰，而寡陰（二、四）象徵君子道長，小人道消，所以避孤陰。成數六、七、八、九、十，陰中有陽，而寡陽（七、九）象徵小人道長，君子道消，所以避寡陽，藉此形容陰陽消息，以及人事消長憂患意識，以至於趨吉避凶之意也。

（三）第三變，為龍馬負圖之形。

據陳摶說：

龍圖之變化，歧分萬途，今略述其概要。引孔子《易傳》默示三陳九卦說：履德之基（序卦次十，明用十示人以辨天下）、謙德之柄（次十五，明用十五示人以裒多益寡）、復德之本（次二十四，卦示氣變之始）、恒德之固（下經次二卦，示形化之始）、損德之修、益德之裕（此二卦示人以盛衰之端）困德之辨、井德之地（此二卦示人以遷通之義）、巽德之制（巽以行權，權者聖人之大用也，因事制宜隨時變易之義備矣。）[40]

張理在《易象圖說》用「三陳九卦」[41]來注釋龍圖三變，是非常有道理。用三陳九卦比附初變未合之數，中貫三、五、九，外包十五。三即三次陳述，九即九卦之履、謙、復、恒、損、益、困、井、巽。十五即謙卦（均取其卦序），復二十四卦象徵地數三十，其一之六不用，代表策數之老陰之數，又代表二十四節氣之變，亦象徵陰極反陽，一陽復始，此其一（六）有道的意涵在其中。三陳九卦除了用「數」來代表之用，還蘊藏三種意涵：最初取其修身之要旨（體）；次取其修德以示人（用）；最後取其實踐，以「顯諸仁而藏諸用」（體用合一）。

履序卦十代表第二變天地已合之位，履卦象傳云：君子以辨上下，定民志。[42]

40 見張理：《易象圖說內篇》，頁803–804。「三陳九卦」在《繫辭傳下．第七章》說：「履，德之基也。謙，德之柄也。復，德之本也。恆，德之固也。損，德之修也。益，德之裕也。困，德之辨也。井，德之地也。巽，德之制也。」

41 見朱熹：《周易本義》，頁302–303。

42 見朱熹：《周易本義》，頁221。

從天一到地十合天地之數五十五，讓人民知道尊卑禮儀以決定人民的志向，所以用履、謙、復上經的三卦來描述龍圖一、二變之道理所在。接著藉由恒、損、益、困、井、巽，來比附第三變的龍馬負圖之形，亦即河圖十、洛書九由天道符合人事之用，這是張理所獨特之見解。另賴錫三在其《陳摶的內丹學與象數學——「後天象數」與「先天超象數」的統合》一文中認為：陳摶的《易龍圖序》一類主要是就宇宙生成論而言，而其《無極圖》一類主要是就功夫實踐論而言。[43]此觀點有如本文「大衍之數」的原理與實踐之來龍去脈。以上圖書如附圖2.2.3及2.2.4[44]。

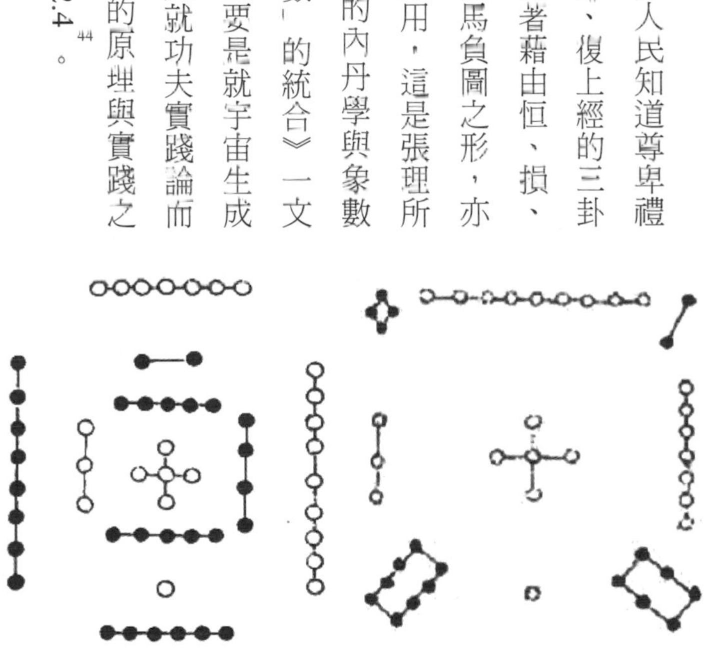

圖2.2.3 洛書縱橫十五之象

圖2.2.4 龍圖天地生成之數

43 賴錫三：《陳摶的內丹學與象數學——「後天象數」與「先天超象數」的統合》，（中國文哲研究集刊，第二十一期，2002年9月），頁230。

44 見張理：《易象圖說內篇》，頁806–807。

綜觀龍圖三變，猶如天覆地載，天地定位，天道左旋地道右遷，組合成龍圖天地之數，又虛十而成洛書縱橫十五之象。

「三陳九卦」與「龍圖三變」之比附，有如上經（起乾、坤，終坎、離）言天道，下經（起咸、恆，終既濟、未濟）言人事。上經履卦十數，象徵河圖十數，謙卦十五，猶如洛書九宮縱橫之數均為十五。陳摶的龍圖三變，加上張理對三陳九卦的解讀，正符合易道的變易精神與「大衍之數」之衍化，殊途同歸，只是進路不同。

陳摶由龍圖到數理，張理由卦象到數，大衍之數由數到象到理，也就是寓數於象，推天理以明人事的一種呈現，更高一層次，就如同賴錫三所說的宇宙生成論之形上觀。

王夫之在《周易內傳．卷六繫辭下傳》說：文王周公志於此九卦，而見以其時，位相若也。

張理在《易象圖書》一書中主張〈履〉〈謙〉第三爻陰陽孤而處於憂危之位，〈復〉初爻微陽初起而五陰居其上，〈恒〉三陰三陽互相入而相持，〈損〉〈益〉

極損則益，極益則損，〈困〉〈井〉三陽皆陷於二陰中，〈巽〉以伏，入為德，此皆殷末周初憂危不寧之象。而聖人「履」其時，即以九卦為德，則「德」即成於「十位」之中。（天地之數十位，五十五數），而不他求術而相制勝也。因此用在「大衍之數」變占的占驗中，凡遇此九卦當慮憂患之到來，且以擴充其原理而加以應用，即不失三陳九卦之本也。

二、劉牧《易數鈎隱圖》對河圖、洛書的詮釋

劉牧在《易數鈎隱圖》序言中談到他創作黑白點數字圖的原由：

「夫卦者，聖人設之觀於象也。象者，形而上而之應。原其本，則形由象生，象由數設，舍其數，則天無以見四象之所由宗矣！是故仲尼之贊易也，必舉天地之極數，以明成變化而行鬼神之道也，則知《易》之為書，必極其數以知其本也。詳夫注疏之家，至於分經析義，妙盡精言，及乎解釋天地錯綜之數，則語惟簡略，與《繫辭》不偶，所以學者難曉其義也。今採摭天地奇偶之

數，自太極生兩儀而下，至於復卦，凡五十五位，點之成圖，于逐圖下各釋其義，庶覽者易曉耳」。[45]

劉牧認為：《周易》所包含的形象數三者，以數為根本，形由象生，象由數設。對過去注解《周易》只著重於義理分析，而對易數的解說非常簡略，使學者難曉其易，所以他要創立黑白數字圖，以解釋易數。創作的易數圖，總共有五十五圖合天地之數，分上、中、下三卷，有如天、地、人，其中最重要的兩圖，稱作龍圖（河圖），安排在四十九位與五十位，顯然是有意安排，其與大衍之數五十其用四十九之重要暗示。洛書則安排在五十三、五十四位，由此先後排列之次必有其道理。

今試從河圖與洛書分別來看它與大衍之數五十其用四十九之關係，擇重要四圖詳述之：

45 〔宋〕劉牧《易數鈎隱圖序》，收於《正統道藏》第四冊洞真部，靈圖類，（台北：新文豐出版，民74），頁769。

（二）大衍之數第十五

劉牧用《易數鈎隱圖》的第十五圖，表達他對大衍之數五十的看法；他認為過去的學者並沒有交代清楚。如韓康伯說：「衍天地之數所仰賴者，五十也」。並沒有說是用五十五減五。且諸如對大衍之數之陳述，均從天地之數五十五之用為本，末則談四營成易，十有八變而成卦的道理，豈可用乎本末而忽略其中大衍之數五十。

劉牧主張揲蓍之數以象天地，不可捨其數而求其象，尤其不可忽略天五「退藏於密」的道理，且以五十五為天地之極數，以五十為大衍之數之用數，主要是由於天五不用，所以大衍之數少天地之數五，

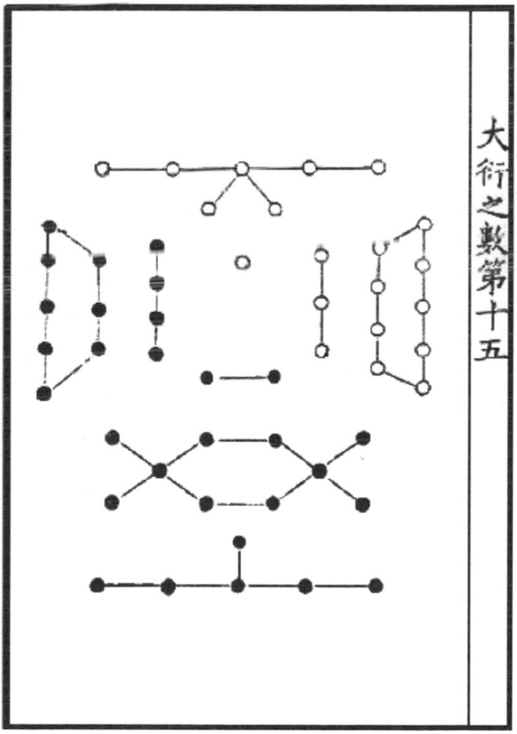

大衍之數第十五

圖2.2.5 大衍之數第十五

又說並非不用，而是用其四象，天一、地二、天三、地四，此四象生數也。天五所以主宰四象生數，而成七、九、六、八之四象，所以四象之中皆有五也。質言之，五能包四象，四象皆五之用也，舉其四則五在其中矣。因此易均言四象而不言五象也。揲蓍的要義，以卜筮而言重在占斷，以象天地的用數，所以大衍之數減天地之數五也。[46]

從大衍之數排列在第十五圖，筆者認為他對大衍之數的用九、用六已蘊涵在其中，以符合聖人之道四焉之一的以卜筮者尚其占。[47] 退藏於密的天五，代表著筮法奇數與策數，[48] 由顯示的排列圖到密藏的天五，足以從天地之數五十有五，變化到大衍之數五十其中的道理貫通。但若要將河圖、洛書轉化到大衍之數，必須要聯結到第一圖和第十一圖。

---

46 〔宋〕劉牧：《易數鈎隱圖序》，收於《正統道藏》第四冊洞真部，靈圖類，（台北：新文豐出版，1985年），頁774–775。

47 聖人之道四焉，見於《繫辭傳上》：以言者尚其詞，以動者尚其變，以制器者尚其象，以卜筮者尚其占。

48 大衍之數，筮法變數在於奇數（1,2,3,4），化數在於策數（九，六，七，八），其中策數九、六為變占之策。

圖2.2.6 太極第一

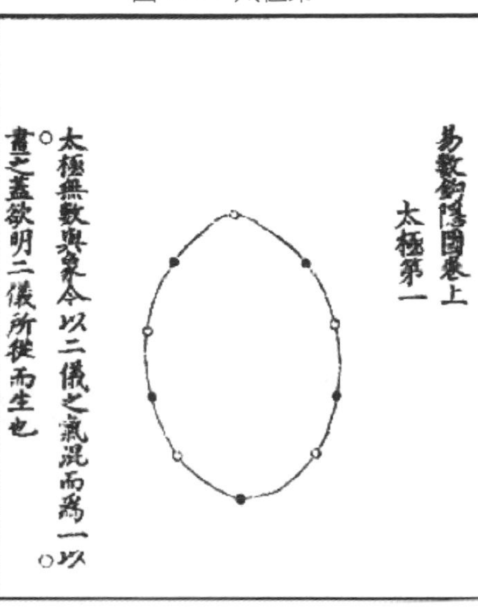

劉牧將太極圖列在第一圖，認為太極本沒有數和象。而用黑白兩點代表陰陽兩儀的氣，混而為一，用圖示之，只要是表明陰陽兩儀的化生過程。[49]（如附圖2.2.6）由上圖可悟出他的概念中，太極當從無（0）開始，產生陰陽兩氣，黑白點各五，代表天五、地五，這十個數字是自然而然、氣而化成，河圖、洛書的十含九是由此而產生。如同第十五圖，言四象以示，而不言五象，此則示黑白點十點而九已蘊於其中。

第十一圖排列，如捨十不用，而用其一，猶如太極的深化。劉牧認為五行生成數本屬洛書，洛書就是天地五十五全備之數。[50]見附圖2.2.7（二儀得十成變化）

49 〔宋〕劉牧：《易數鉤隱圖序》，收於《正統道藏》第四冊洞真部，靈圖類，（台北：新文豐出版，1985年），頁770。

50 〔宋〕劉牧：《易數鉤隱圖序》，收於《正統道藏》第四冊洞真部，靈圖類，（台北：新文豐出版，1985年），頁773。

由第一圖到十一圖，貫串到天地之數五十有五，再接到十五圖大衍之數五十，足以說明劉牧對筮法的用心。此圖僅表示數字的排列但並未定位，這也是他深思熟慮之處。

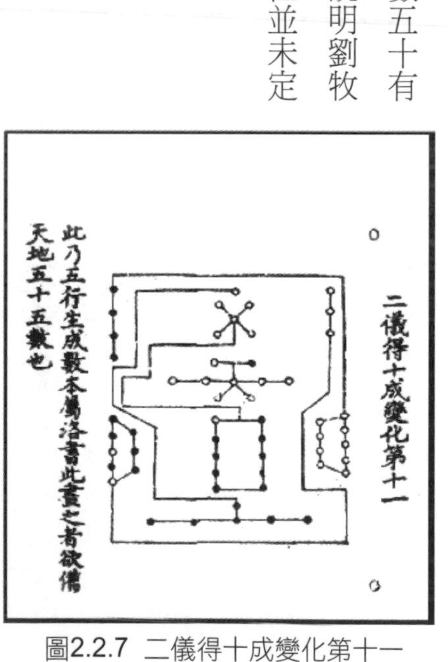

圖2.2.7 二儀得十成變化第十一

（二）其用四十有九第十六

劉牧引韓康伯注說：

「衍天地之數所賴者五十，其用四十有九，則其一不用也，不用而用以之通，非數而數以之成，斯易之太極也」。他認為韓氏注以虛一為太極，則未詳其所出之宗也。凡天地之數五十有五，今若以太極為虛一之數，則是大衍當用五十有四也，不然餘五之數當無所陳設。所以他主張：

「天地之數十有五，居其內，而外幹五行之數四十也，今止用其四十九者何也，蓋由天五為變化之始，散在五行之位，故中無定象，又天一居尊而不

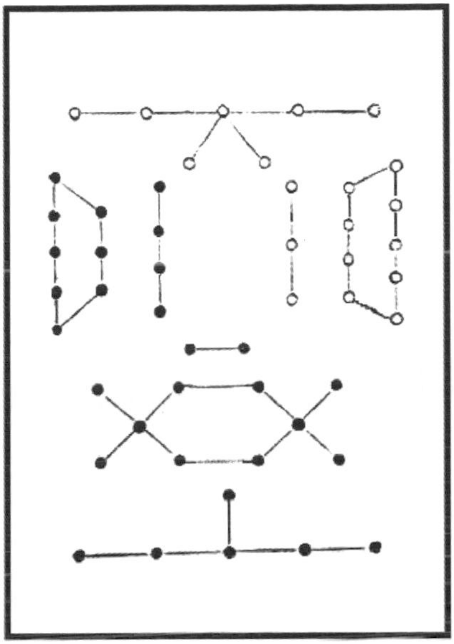

動，以用天德也（乾用九），天一者象之始也，有生之宗也，為造化之主，故居尊而不動也。」[51] 見附圖（2.2.8）

圖2.2.8 其用四十九第十六

由第十六圖所示，代表陽數的白點三、七、九，合十九恰似圖九，洛十之數；代表陰數的黑點二、四、六、八、十，合三十，剛好是六、七、八、九，大衍之數筮法之策數，亦代表四象老陽、老陰、少陽、少陰。足見劉牧的圖式是圖中有數，數中有義理。

（三）河圖（龍圖）第四十九

劉牧刻意將河圖安放在第四十九，恰與大衍之數五十其用四十九不謀而合。他

51 〔宋〕劉牧《易數鉤隱圖序》，收於《正統道藏》第四冊洞真部，靈圖類，（台北：新文豐出版，1985年），頁776。

認為以五為主，六、八為膝，二、四為肩，左三、右七，戴九、履一。[52]見附圖（2.2.9）

以上這一段話被後世改為戴九、履一、左三、右七、二四為肩、六八為足、五為腹心；為通順起見，在意義上實無差別。此圖的最終定義河圖九宮八卦之位與四十五數；不可思議是他的安排在七七四十九，著之德圓而神。見《繫辭傳上・第十一章》，足以證明兩者之關係甚為密切。

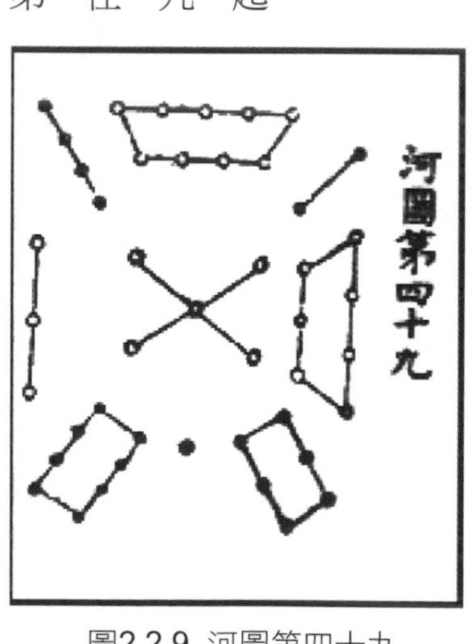

圖2.2.9 河圖第四十九

（四）洛書（龜書）五行生數、成數第五十三、五十四

劉牧刻意將洛書分成兩圖，將五行生數列在第五十三，將五行成數列在第五十四，又是極致的巧思。本是已交之數，即一六、二七、三八、四九、五十，

52 〔宋〕劉牧：《易數鈎隱圖序》，收於《正統道藏》第四冊洞真部，靈圖類，（台北：新文豐出版，1985年），頁789。劉牧此觀點不同於朱熹。

圖2.2.10 洛書（龜書）五行生數、成數第五十三、五十四

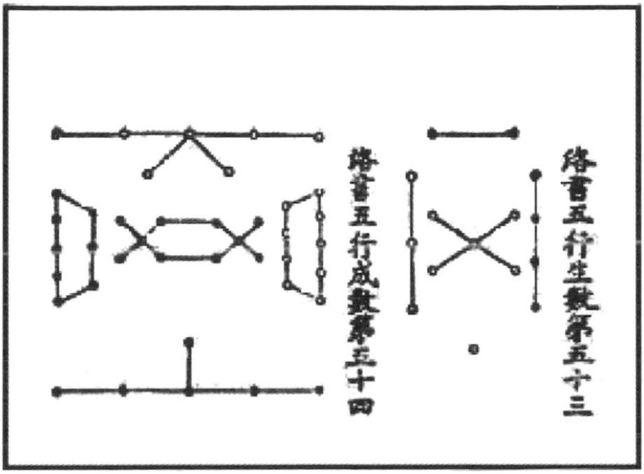

今分成一、二、三、四、五，代表洛書五行生數和六、七、八、九、十，代表洛書五行成數。[53]見附圖（2.2.10）

由洛書圖排列在五十四，聯結到大衍之數筮法分、掛、揲、扐四營一變，三變成爻，九變小成，十八變大成，乾用九，六爻均九，總策數剛好五十四，為天德也。[54]洛書圖除了分成生數與成數之外，總結在第五十四，猶如天地之數虛其一，而將大衍之數五十其用四十九納在其中。真所謂見群龍而不可為首，所以虛其一，而生生不息之謂也。

綜合以上圖示，將劉牧《易數鈎隱圖》五十五

53 同前註，頁790。

54 天德，《乾・用九・象傳》曰：「用九」天德，不可為首也。《正義》注：「九，天之德者，言六爻俱九乃成天德，非一爻之九，則為天德也」。（見王弼注《周易正義》，頁22。）

位，擇其河圖、洛書、太極圖、天地之數、大衍之數五十其用四十九，反覆聯結，除上述的奧妙之外，應尚有其更深的意涵，足以證明河圖、洛書到大衍之數五十其用四十九之關聯性，有待更深入探究。

三、朱熹《周易本義》對河圖、洛書的詮釋

按《周易本義・卷首》的易圖共有九圖，今擇其與大衍之數相關者論述之：

（一）河圖、洛書

朱熹引《繫辭傳》說：「河出圖，洛出書，聖人則之」又說：

「天一、地二；天三，地四；天五，地六；天七，地八；天九，地十；天數五，地數五。五位相得而各有合，天數二十五，地數三十。凡天地之數，五十有五，此所以成變化而行鬼神也。」

因此他認為天地之數就是河圖之數也。而洛書蓋取龜象，故其數戴九、履一、左

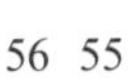

三、右七，二四為肩、六八為足。[55]見附圖（2.2.11）和附圖（2.2.12）

圖2.2.11 河圖

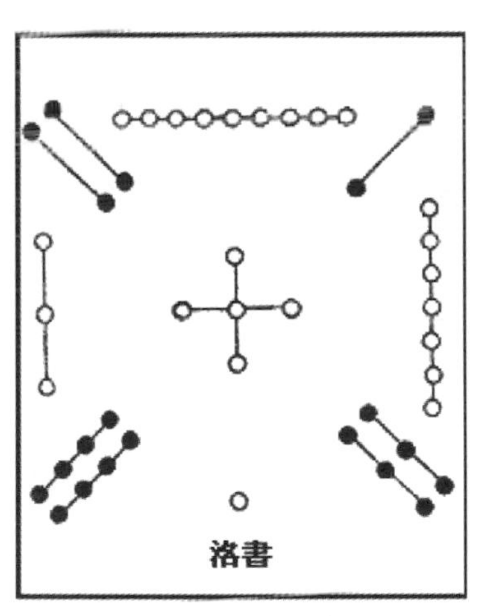

圖2.2.12 洛書

又引蔡元定說：

圖書之象自漢孔安國、劉歆、魏關子明，又有宋康節先生（邵雍堯夫）皆認為河圖十數，洛書九數。至劉牧兩易其名而諸家因之，故今復之悉從其舊。[56]

55 朱熹《周易本義．卷首》，頁1020。

56 同前註，頁1020。

由以上得知，朱熹對河圖、洛書的觀點均採用前人的模式，而以蔡元定傳說的立論來否定劉牧的觀點，殊不知劉牧用五十五圖來闡述他的理論，而朱熹僅借重邵康節的圖書共九圖，實難相較。但此名目均不影響河圖、洛書與大衍之數五十，其用四十有九的真諦。因大衍之數五十均介於河圖、洛書之間的四十五到五十五。舉凡研究大衍之數，辨別圖九書十或圖十書九之說，是相當重要概念，不可忽視之。

（二）伏羲八卦次序

朱熹引《繫辭傳》說：「易有太極，是生兩儀，兩儀生四象，四象生八卦。」又引邵子說：「一分為二，二分為四，四分為八也。」《說卦傳》說：「易，逆數也」。邵子說：「乾一、兌二、離三、震四、巽五、坎六、艮七、坤八」。因此他認為自

<table>
<tr><td colspan="8">圖2.2.13伏羲八卦次序</td></tr>
<tr><td>八</td><td>七</td><td>六</td><td>五</td><td>四</td><td>三</td><td>二</td><td>一</td></tr>
<tr><td>坤</td><td>艮</td><td>坎</td><td>巽</td><td>震</td><td>離</td><td>兌</td><td>乾</td></tr>
<tr><td colspan="2">太陰</td><td colspan="2">少陽</td><td colspan="2">少陰</td><td colspan="2">太陽</td></tr>
<tr><td colspan="4">陰</td><td colspan="4">陽</td></tr>
<tr><td colspan="8">太極</td></tr>
</table>

乾至坤皆得未生之卦，好像在逆推四時的比喻。[57] 見附表（2.2.13）

由上得知，伏羲畫卦的次序。因此《說卦傳》說：「易，逆數也」。道理即在此，所以「大衍之數」，成卦法的排列由下往上的根據，就與此圖有關。

（三）伏羲六十四卦方位

朱熹言：

以上四圖均出自邵康節。蓋邵氏得自李之才挺之，挺之得之穆修伯長，伯長得之華山希夷先生陳摶圖南者，所謂

57 同前註，頁1021。

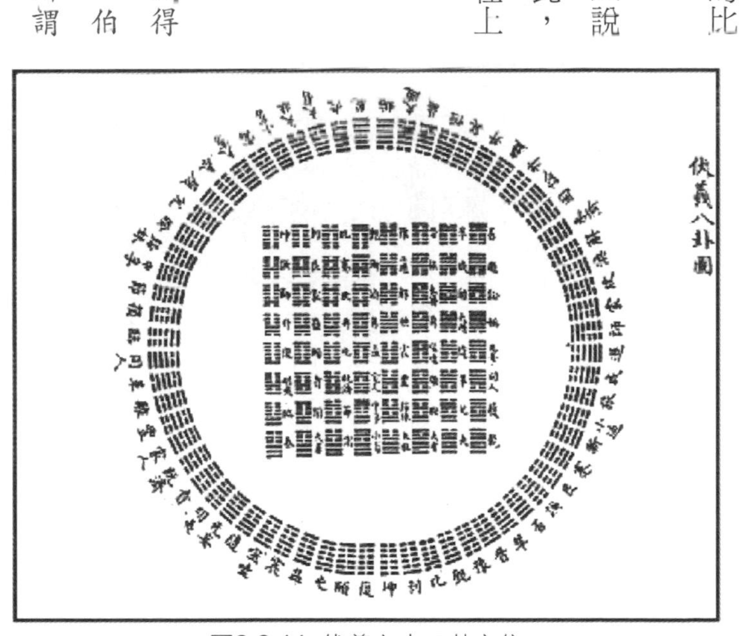

圖2.2.14 伏羲六十四卦方位

先天之學也。此圓圖布者，乾盡午中，坤盡子中，離盡卯中，坎盡酉中。陽生于子中，極于午中；陰生于午中，極于子中。其陽在南，其陰在北。方布者，乾始於西北，坤盡于東南；其陽在北，其陰在南。此二者，陰陽對待之數，圓于外者為陽，方于中者為陰；圓在動而為天，方者靜而為地者也。[58]見附圖（2.2.15）

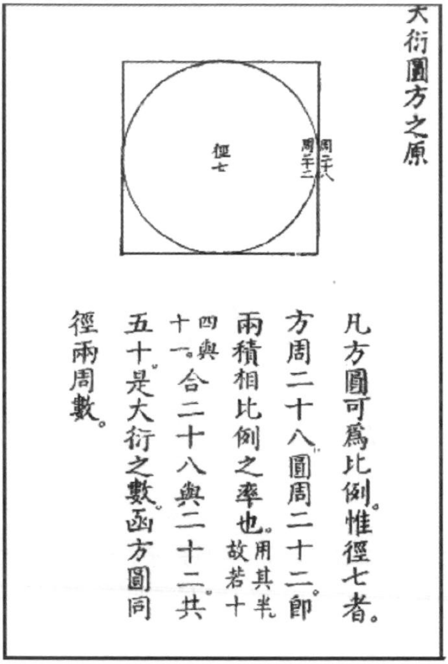

圖2.2.15 大衍圓方之原

大衍圓方之原

周二十八
周二十二
徑七

凡方圓可爲比例。惟徑七者。方周二十八。圓周二十二。即兩積相比例之率也。用其半故若十四與十一。合二十八與二十二共五十。是大衍之數。函方圓同徑兩周數。

由以上得知，朱熹的易圖來自於邵康節，最早的源頭是華山道士陳摶，所以根據這一段話，一般均認定河圖、洛書乃傳自陳摶。

此圖目的是用在大衍之數的筮儀上，演卦時所要站的方位乃源自此圖說上，按圖索驥即可找到正確的位置。另外從內方外圓，轉變成

58 朱熹《周易本義．卷首》，頁1023–1024。

外方內圓，用直徑七更可求出大衍之數五十。（見《御纂周易折中・啟蒙附論》附圖字）50用七做直徑，圓的周長乘3.14得21.98加上方的周長七乘四得28等於49.98折合整數等於50，即得出大衍之數五十之用數。

綜合以上朱熹四圖，即（河圖）、（洛書）、（伏羲八卦次序）、（伏羲六十四卦方位），再搭配李光地（大衍圓方之原），如此河圖、洛書到大衍之數的過程，就非常的清楚。

四、丁易東《大衍索隱》對河圖、洛書的詮釋

丁易東認為：

大衍之數五十其用四十有九，得到三個說法，第一以天一至地十合而衍之；第二以河圖、洛書各五位合而衍之；第三以河圖、洛書乘數再自乘而除之。[59]

59 〔宋〕丁易東撰．《大衍索隱・卷二》，收入《四庫全書》子部，大衍索隱卷二，第十二冊，（彰化縣：逸群圖書），頁805。

丁易東的河圖、洛書採用朱熹圖十、洛九的版本，他用下列五圖証明河圖、洛書與大衍之數的關係。

（一）河圖五十五數衍成五十位圖

按丁易東說：

> 河圖之數五十五，何以衍之成五十，河圖之數，雖有五十五實則十位，若以五衍之，則其十位之數至五十而止矣，先儒但以其數五十五衍之每牽強而不合。若以位衍之則其數自然配合，非一毫人力之所能為矣。蓋先儒所衍者，天數二十五，地數三十，合之五十五者也。此所衍者天數五，地數五，合之十位者也。曰河圖之數十位，以五衍之則得五十信矣。[60]

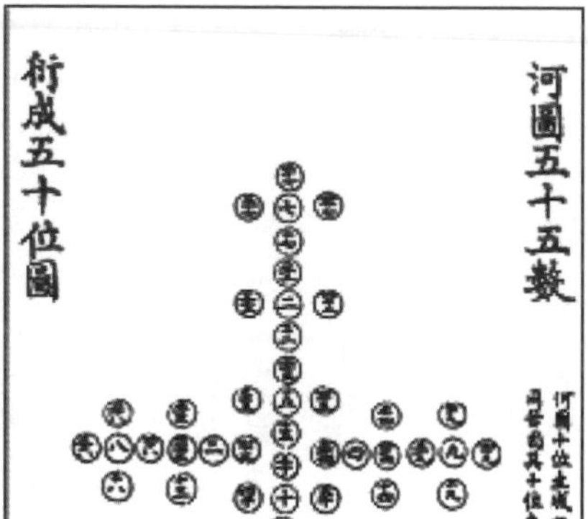

河圖五十五數

河圖十位生成之數通五十五雖與五十之數不同皆由其十位生成之數以五衍之亦得五十位

衍成五十位圖

圖2.2.16　河圖五十五數衍成五十位圖

60　見丁易東：《大衍索隱》，頁338。

由上圖（2.2.16）所示之排列，則知由原來1～10相加之數五十五，利用河圖的原理重新複製，原來居中的生成數不變，僅就四方各配以十位數，如圖（2.2.16），圖下一居中、十一居下、二十一居上、三十一居左、四十一居右；六居中、十六居下、二十六居上、三十六居左、四十六居右；依此類推而衍成五十位圖。用五衍之說當源自《周易・說卦傳》云：「參天兩地而倚數」。[61] 所以利用參天兩地共五生數來衍河圖十位，共得五十。此即河出圖聖人則之於「大衍之數五十」之體也。

（二）河圖十位成大衍數用圖

最精巧的算術有乘必要有除來驗証，按丁易東說：

一乘者一度除之，二乘者兩度除之，河圖之數各以天數與地數再自乘而得，故必用再除而後得「大衍之數五十，其用四十九」。夫河圖之數十，而以

61 見朱熹：《周易本義》，頁322。

五六天地之中為本數，初乘得三百八十五，為天數者一百六十五，為地數者二百二十，又以五十五各再乘之，天數得一千二百二十五，地數一千八百，各分之而以天地五六中數各兩度除之，則天數皆得四十九，地數皆得五十矣。[62]

由圖而得知，河圖十位各自乘兩次所得之數，天數用五除兩次得四十九，地數用六除二次得五十，這就是用河圖十位，用乘除的方式而求得。《繫辭傳上》所云：「大衍之數五十，其用四十九」[63] 的特殊解法，相當明確而實在。

62 見丁易東：《大衍索隱》，頁347。
63 見朱熹：《周易本義》，頁276。

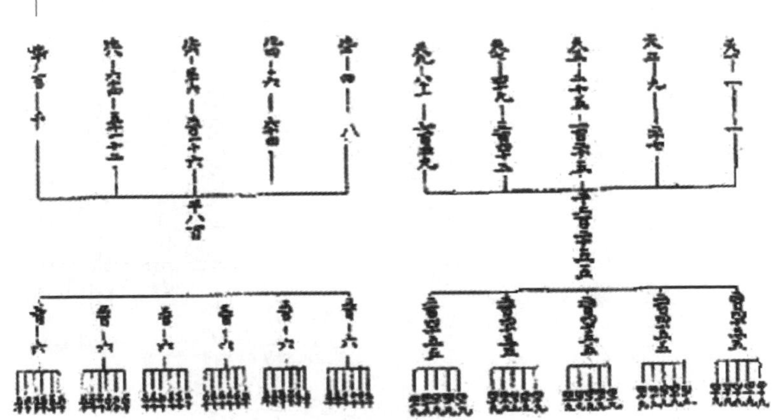

圖2.2.17 河圖十位成大衍數用圖

（三）河圖五十五數成為四十九圖

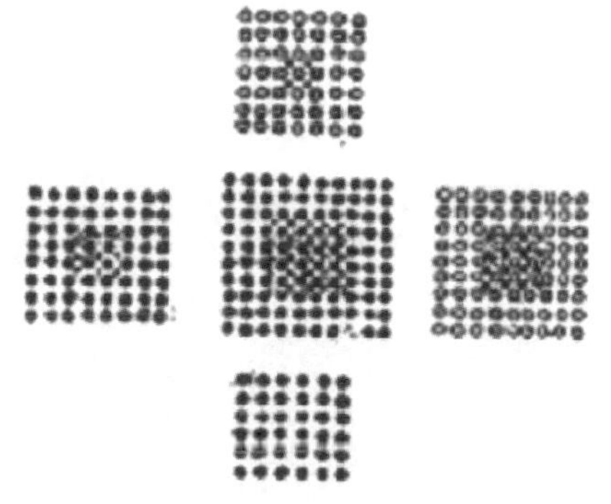

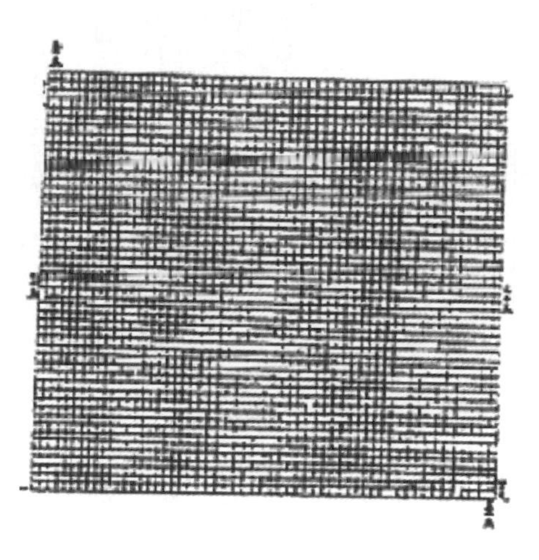

圖2.2.18 河圖五位用生成相配圖
及河圖五十五數乘為四十九圖

按丁易東說：

河圖自乘而為圓，天數皆得四十有九，地數皆得五十。何以見其用四十九而不用五十也。曰：以五正位而知之也。曰：河圖五正位共得十數。河圖本數各自乘而併之得三百八十五（1×1＋2×2＋3×3＋4×4＋5×5＋6×6＋7×7＋8×8＋9×9＋10×10），則為五十五的七倍是河圖的本數一（五十五）乘數七也。

今置三百八十五數，以七除之，既得五十五，復以七乘之，則得二千六百九十有五焉，二千六百九十有五者，五十五乘四十九也，是以唯此河圖五正位自乘之數三百八十五，合曆法中太陰曆一年最長的週期數[64]，近百年內計有三次（1925年閏四月、1944年閏四月、2006年閏七月），相較於天地之數五十五之極數，和大衍之數用四十九之最小應用數，可說天地造化之妙。由河圖五十五輾轉相乘除七，而得到四十九的積數，四十九數亦已具於河圖五位之中矣。

此圖先以河圖五位用生成相配為基礎，得到河圖自乘之積數乘以七，猶如《周易・復卦》所云：「反復其道，七日來復。」[65]再除以天地之數五十五，即得四十九，所以河圖之數用乘除之法，証出「大衍之數五十，其用四十九」之道理所在。

64 見丁易東：《大衍索隱》，頁349。

65 見朱熹：《周易本義》，頁65。

（四）洛書四十五數衍四十九用圖

按丁易東說：

洛書之數四十五，何以衍成四十九也。曰：洛書之數雖四十五，實則九位。若各以五衍之，則九位之數至四十九位而止矣。先儒但以其數四十五看，衍之每謙強而不合，若以位衍之則其數自然配合，非一毫人人之所能為矣。蓋先儒所衍者，洛書九位以五衍之，亦止得四十有五，謂之四十九何哉，曰：洛書虛十而不用，故十無所附，而所謂一十（九與十一）、二十（十九與二十一）、三十（二十九與三十一）、四十（三十九與四十一）者特虛包於十中而已。所以虛四位之十，

圖2.2.19 洛書四十五數

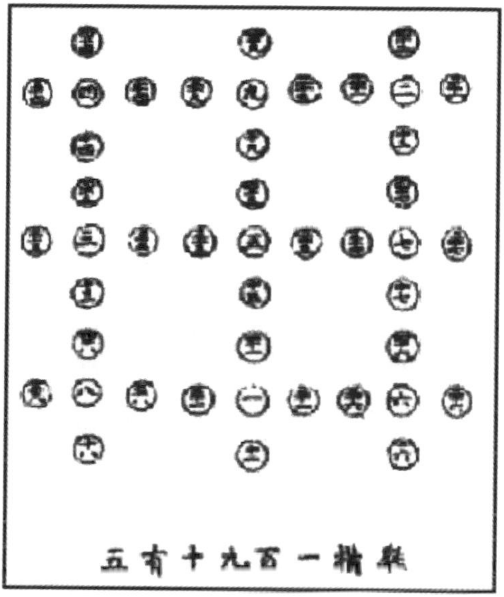

隱然於其間則其總數目為四十九矣。[66]

此圖文是丁易東在《大衍索隱》所創出來的洛書四十五數，加虛四衍生四十九數用圖，為了証明「大衍之數其用四十九」而精研，有如《周易》的卦辭；「元亨利貞」同時出現的只有七卦[67]，其他不全者如《兌》：「亨利貞。」[68]元，不見謂之「隱元」，元就是隱寓其中之條件說，隱是有助於解卦之參考依據。所以此圖從具象到抽象，這種衍化是非常奧妙值得深思的。

（五）洛書九位成大衍數用圖

最精巧的算術互乘必要有除來驗証，按丁易東說：

一乘者一度除之，再乘者兩度除之，洛書之數各以再自乘而得，故必用再除而後得「大衍之數五十，其用四十九」。夫洛書之數九，雖五為天中，而六

66 見丁易東：《大衍索隱》，頁338。

67 元亨利貞七卦即，《乾》、《坤》、《屯》、《隨》、《臨》、《無妄》、《革》。

68 見《周易本義》，頁159。

不為地中，故但以天之五位，地之四位為本數，天數初乘再乘之數與河圖同，而地數則與河圖異，何也？河圖地數有五而洛書止四故也。地數初乘得一百二十（$2\times2+4\times4+6\times6+8\times8$）再自乘八百（$2\times2\times2+4\times4\times4+6\times6\times6+8\times8\times8$）故以天數五位，地數四位，各兩度乘除則天數亦得四十九，而地數亦各得五十也。[69]

按丁易東用乘除之法所衍出的天地之數，類似於「大衍之數五十，其用四十九……揲之以四象四時，歸奇以扐象閏，五歲再閏，故再扐而後掛。」[70]因而三變而成爻，第一變非五即九，第二變非四即八，第三變非四即八。如此三變而得爻象，有如此

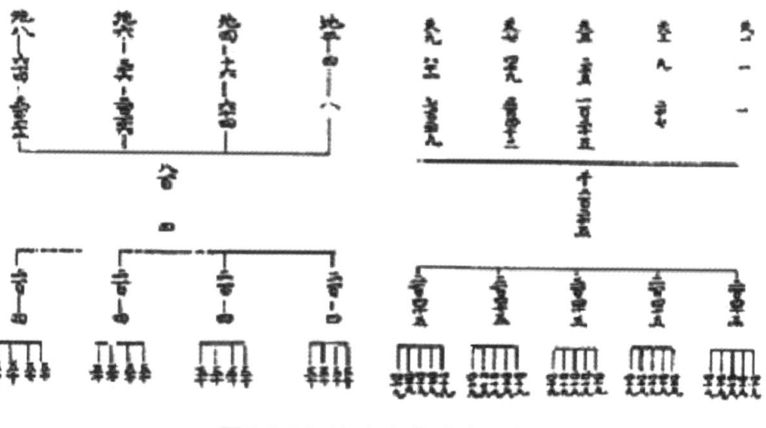

圖2.2.20 洛書九位成大衍數

69 見丁易東：《大衍索隱》，頁347。
70 見《周易全解》，頁474。

圖之必然性，有異曲同工之妙。值得重視的是，不管用河圖十位與洛書九位所衍成的數位圖，兩者均以天數四十九為用，地數五十為體。

綜合以上河圖及五十五數，衍成五十位圖、河圖十位成大衍數用圖；河圖五十五數成為四十九圖；洛書四十五數衍四十九用圖；洛書九位成大衍數用圖等五圖，用數和位來証明兩者之關係，是在文獻中最清楚的一個。如今數位系統當以丁易東有關連，所以用數位概念來証明河圖、洛書，與大衍之數五十其用四十九的論証，是相當科學的。

從數字卦到大衍之數

「大衍之數」是《周易》演化的根源，在演化的過程必有其前身，一般認為出現於甲骨文中的「數字卦」，有相當的關聯，且有其依存相輔性。季旭昇認為《易經》源於數，《易》卦也由數變來，而且有一個長遠的歷史過程。商代以「六、七、八」為大宗，春秋戰國時代則向「一、六、八」集中。到西漢馬王堆《帛書》和阜陽漢簡《周易》，全以「一、八」來表示，「一」與陽爻同形，「八」拉平之後，與陰爻同形。[71]

殷墟甲骨文是從一八九九年出土的文物，而得到學術界的鑑定。隨後海內外有許多學者從事研究，逐漸形成了古文字學的一個重要分支即《甲骨學》。[72]

從甲骨文中所發現的數字，就是用來象徵陰爻與陽爻的卦畫概念，因此可以理

71 季旭昇：〈古文字中的易卦材料，載於劉大鈞主編：《象數易學研究》第三輯（成都：巴蜀書社，2003年），頁16。

72 劉興隆撰：《新編甲骨文字典》，（台北：文史，2000年3月1版），頁5。

解陰、陽爻畫的前身是數字卦。我們可借由下列的圖表一一對照它的關連性。如附表《連山》《歸藏》的筮數方式與數字卦問題可以一窺究竟。

表2.3.1　考古發掘中所謂的「數字卦」

序次	時代	器物	文字與符號	卦形	出土地點	著錄
1	晚商	甲骨	上甲六六六 田∧∧∧			殷墟文字外編四四八
2	晚商	陶簋	七八六六七七 十八∧∧十十		安陽殷墟	《考古》一九六一年二期六十三頁
3	晚商	陶簋	六六七六七一 ∧∧十∧十一		安陽殷墟	《考古》一九六一年二期六十三頁
4	晚商	陶簋	六六七八一厶 ∧∧十八一八		安陽殷墟	《考古》一九六一年二期六十三頁
5	商末	卣	一八八六一一 一八八∧一一		山東平陽朱家橋九號墓	《考古》一九六一年二期九十三頁
6	商末	陶範(陽面)	一七六七八六 一大十八∧		傳出土於安陽小屯	鄴中片羽二上四十七
7	商末	陶範(陽面)	五七六八七一 ㄨ十∧八十一		傳出土於安陽小屯	鄴中片羽二上四十七

8	商末	甲骨	七八七六七六日鬼 十八十∧十∧𢍰八		河南安陽四盤磨	《一九五〇年春殷墟發掘報告》《中國考古學報》第五册圖片版肆壹。
9	商末	甲骨	八六六五八七 ∧∧✕八十		河南安陽四盤磨	《一九五〇年春殷墟發掘報告》《中國考古學報》第五册圖片版肆壹。
10	商末	甲骨	七五七六六六日魁 十✕十∧∧∧𠃊		河南安陽四盤磨	《一九五〇年春殷墟發掘報告》《中國考古學報》第五册圖片版肆壹。
11	商末周初	父戊卣	六六六 八∧∧ 卣父戊			綴遺二五三
12	商末至周初	一百七十七號卜甲	七六八六七六 十∧八∧十∧		風雛村一號窖穴	《陝西岐山風雛村發現周初甲骨文》《文物》一九七九年十期
13	商末至周初	七號卜甲	八七八七八五 八十八十八✕		陝西岐山風雛村甲組宮殿房基二號西廂房十一號窖穴	《陝西岐山風雛村發現周初甲骨文》《文物》一九七九年十期

14		八十一號卜甲	七六六七六六 十∧∧十∧∧		陝西岐山風雛村甲組宮殿房基二號西廂房十一號窖穴	《卦畫探源——周原出土甲骨上卦畫初探》徐錫台、樓宇棟考古學會成立大會論文
15		八十五號卜甲	七六六七一八日 其人王既魚 十∧∧十一八日 [illegible]			
16	周初	甲骨	六八一一六一 ∧八二∧一		陝西長安張家坡	《長安張家坡村西周遺址出土的甲骨》，《文物參考資料》一九五六年第三期
17			五一一六八一 ×二∧八一		陝西長安張家坡	《長安張家坡村西周遺址出土的甲骨》，《文物參考資料》一九五六年第三期
18	周初	甲骨	一一六一一一 一∧三		張家坡西周遺址	《灃西發掘報告》111 頁圖七
19	周初	甲骨	六六八一一六 ∧∧八二∧		陝西西安丰鎬遺址	《古甲骨金文中所見的一種已經遺失的中國古代文字》唐蘭《考古學報》一九五七年二期

20	周初	甲骨	一 一 ∧ 六 ∧ 六 ∧ 六 ∧ 六 一 一	䷚	陝西西安 丰鎬遺址	《古甲骨金文中所見的一種已經遺失的中國古代文字》唐蘭《考古學報》一九五七年二期
21	周初	骨鏃	× 五 一 一 口 口	= ?	張家坡西 周遺址	《澧西發掘報告》九十二頁圖六〇
22	周初	骨鏃	一 一 ∧ 六 一 一	☲	張家坡西 周遺址	《澧西發掘報告》九十二頁圖六〇
23	周初	召卣	一 一 一 一 ∧ 六 八 八 一 一 ∧ 六 [illegible] [illegible]	䷺	張家坡西 周遺址	三代十二，四十五，通考圖六一三
24	周初	敍父簋	休王錫敍 父〇〇三 ，用作厥 室障 × 五 彝 八 八 ∧ 六	☶		三代六、四十六，古銅精華一〇六
25	周初	盤	八 八 一 一 ∧ 六	☵		續殷存下七十四
26	周初	鼎	八 八 八 八 ∧ 六 八 八 口 口 口 口	☷ ? ?		續殷存上七

27	周初	中方鼎	隹十又三月庚寅，王在寒次王令大史兄福土。王曰：「中，茲福人入史，易於武王乍臣。今兄卑女福土乍乃采」，中對王休令，𪓐父乙障，隹臣尚中臣。 八七六六六六 七八六六六六 八十ㄑㄑㄑㄑ 十八ㄑㄑㄑㄑ		傳湖北麻城出土	嘯堂十，博古二，十七
28	周初	董伯毀	董伯作旅障彝 八五一 ㄑX一		三代六、三十九	
29	周初	史[illegible]父鼎	史[illegible]父作寶障彝貞 七五八 十X八			三代三十八
30	周初	召仲卣	七五六六六七召仲 十Xㄑㄑㄑ 十[illegible]中			西清十五、三十三（此器容庚先生疑偽）

以上表列30組數字，取材自張亞初、劉雨《從商周八卦數字符號談筮法的幾個問題》一文，原文載《考古》一九八一年第二期，今選入《周易研究論文集》第一集，原文共錄有36組符號，按甲古鐘鼎、陶器分別排列，這裡選取其中與卦形相近的30組，併按其年代順序排列。[73]

表列共有三十組數字卦，三畫卦的有八組，其中第二十一組無法辨別，六畫卦有22組，其中第二十六組亦無法辨別。僅就可以辨別的數字卦做一些簡單的探討如下：

第一組只有三數都是六，六是偶數，所以以三個陰爻排列而成 ☷（坤卦）。

第二組的排列由下而上是七七六六八匕，以匕為奇數為陽，六、八偶數為陰，結果組合成 ䷨（損卦）。

第三組的排列由下而上是一七六七六六以一、七為奇數為陽，六、八為偶數為陰，結果組合成 ䷵（歸妹卦）。

第四組的排列由下而上是八一八七六六，以一、七為奇數為陽，六、八為偶數

73 謝祥榮撰：《周易見龍》（成都：巴蜀書社，2000年），頁83–89。

為陰，結果組合成䷧（解卦）。

第七組的排列由下而上是一七八六七五，以一、五、七為奇數為陽，六、八為偶數為陰，結果組合成䷼（中孚卦）。

以上僅就五組不同奇偶數的組合排列來列舉，餘則倣此原則排列。依當時自然數的寫法為：一、二、三、×、∧、+、八、乂、十。占卜時，則將每次所得數字由下往上循序刻寫。

這些數字的組合僅出現了一、五、六、七、八五個數，「一」出現三十一次，其中「六」出現六十一次最多，「七」出現二十九次，「八」出現二十七次，而「五」出現十次最少。

由以上的統計資料發現，再與「大衍之數」比對，雖不盡完全符合但可以證明此是演化過程的前身；且王振復在《巫術：周易的文化智慧》一書也提到說：

> 筮者運用奇偶的觀念當機立斷，把二、四寫為六，三寫為一，所以一和六的數量就多起來了。因此殷周易卦中一之內蘊有三，六之內蘊有二、四，已經

帶有了符號的性質，表明一種抽象的概念，可以看作陰陽爻的萌芽了。[74]

由此可見《周易》以具象化的陰、陽爻取代數字卦，這是可以確定的，也是構成《周易》陰陽概念的理論基礎。據《左傳》僖公十五年，韓簡子說：「龜，象也；筮，數也。物生而後有象，象而後有滋，滋而後有數。」[75]這一段話得知象數是一種進化，所以從數字卦過渡到「大衍之數」是可以理解的。

74 王振復著：《巫術：周易的文化智慧》，（浙江：古籍出版，1990年6月），頁62。

75 〔晉〕杜預注，〔唐〕孔穎達等正義：《左傳》，（台北：中文出版社，1971年9月影印。清・嘉慶二十年，阮元用文選樓藏宋刊《十三經注疏》本），頁3920。

《易繫辭傳》的成書時代與「大衍之數」的始用

關於《易繫辭傳》的成書年代與作者，古來都認為是春秋末年孔子所作。然自北宋歐陽修開始，懷疑《繫辭傳》非孔子所作（見歐陽修《易童子問》）引發不少學者論辯以下就詳論這兩種說法。

第一種認為是孔子所作的，有孔穎達在疏《周易正義》夫子本作十翼[76]；朱熹在《朱子語類．67卷》云：伏羲自是伏羲易，文王自是文王易，孔子自是孔子易。伏羲分卦，乾南坤北。文王卦又不同，故曰：《周易》「元亨利貞」，文王以前只是大亨而利於正，孔子方解作四德[77]。由此推知朱熹以為《易傳》是孔子所作；王夫之在《船山易學‧周易內傳》說：「易學者逐於占象而昧於其所以然之理，故為之傳

76 見孔穎達注：《周易正義》卷第七，（北京：北京大學出版社，1999年），頁256。
77 見《朱子語類》第67卷，頁1645。

以發明之」。[78] 以上三人均認為《十翼》是孔子所作。

第二種說法認為十翼非孔子所作，有顧頡剛在其《古史辨》[79] 第三冊則認為《易傳》最早在戰國末到西漢末的作品，而《繫辭傳》在西漢中期，並非孔子所作。而高亨根據《史記．孔子世家》、《漢書．藝文志》認為《易傳》應作於戰國時代，非出自一人之手，所以時代不一。[80] 以上四人均否定《十翼》是孔子所作。

除了以上兩種不同的看法，再參考以下五位近人對《易傳》成書時代的說法。

一、李鏡池對《易傳》的成書時代的看法

首先關於《周易》的著作時代的問題，他並不同意文王作《易》這個傳統說法，並提出證據。如卦爻辭有〈明夷〉六五爻：箕子之明夷，和〈晉〉卦辭：康侯用錫馬蕃庶，晝日三接。認為《周易》的編著出於周王朝的卜史之官，成書年代約

78 見王夫之撰：《船山易學》（台北：廣文書局），頁456。
79 顧頡剛編著：《古史辨》第三冊，（南海出版社，1931年），頁69。
80 見高亨：《周易大傳今註》，頁5–6。

在西周晚期，由《周禮・春官・宗伯》有「大卜掌三兆之法」認定。至於《周易》的成書時代，推定為西周晚期。從內容思想看，它反映了統治階級內部的矛盾鬥爭，如〈訟・上九〉：「或錫之鞶帶，終朝三褫之。」〈益・上九〉：「莫益之，或擊之，立心勿恆，凶」等。從他《繫辭傳下・第七章》指出「作易者其有憂患乎」，判定這種思想不會在西周之初，成康之世出現，而《易》在春秋初期已經流行，根據「周易筮辭續考」，從文辭組織與卜辭《詩經》、《論語》等比較，得出了《周易》作於西周晚期的佐證。[81]

關於《易傳》的作者，三千年都認為孔子，甚至現在還是有人這樣說。但他根據宋・歐陽修《易童子問三》的論點，認為《易傳》七種十篇，當不是一人所作，而是儒生經師所作。著作的時期，上溯戰國末，下至西漢中葉，而《繫辭傳》寫於西漢初到西漢末。[82]

---

81 李鏡池著：《周易探源》（北京：中華書局，2007，9），序言頁1－5。

82 同前註，序言頁6－13。《古史辨》第三冊頁133。

二、陳鼓應對《易繫辭傳》的成書時代的看法

陳鼓應認為《易繫辭傳》為戰國末，稷下學派的作品，而今本《繫辭傳》中不見於《帛書》的部分，乃漢儒編纂時續貂而成。[83] 因此，「大衍之數」為兩漢易學家所補充。

三、張善文對《易傳》的成書時代的看法

張氏在其《象數與義理》一書中，套用班固《漢書．藝文志》：「人更三聖，世歷三古」的說法。

所謂「三聖」、「三古」之義，顏師古注曰：「伏羲為上古，文王為中古，孔子為下古」。也就是說：《周易》經傳的作者為三人，即上古伏羲作八卦，中古周文王重卦並撰卦爻辭，下古孔子著《易傳》。又套北宋．歐陽修撰《易童子問三》，以勇於疑古的精神，考辨了《易傳》七種內容，認為《繫辭傳》、《文言傳》、《說卦

83 陳鼓應著：《易傳與道家思想》（北京：三聯書店，1996年），頁136–138。

傳》、《序卦傳》、《雜卦傳》並非出自一人之手，未可視為孔子所作。

綜合班固與歐陽修，及引証《易傳》中保留不少「子曰」云云的言論，且大部分內容反應出濃厚的儒家思想，似可說明其作者當屬孔門弟子，而創作時代當在春秋戰國之間。[84]

四、廖名春對於「大衍之數」始用時間的看法

廖氏在其〈大衍之數章與帛書繫辭〉一文中，指出《帛書》今本雖無「大衍之數」章，但祖本則有。又說《繫辭傳》之有「大衍之數」一章，最晚不會晚於漢初。[85]

五、王振復對《易傳》的成書時代的看法

84 張善文著：《象數與義理》（遼寧：教育出版社，1993年），頁11—15。

85 廖名春：〈「大衍之數」章與帛書《繫辭》〉，（中國文化叢刊，風雲時代出版，1993年，秋季號9）頁37–40。

王氏在其《周易文化的智慧》一書中，藉用司馬遷《史記．孔子世家》說，「孔子晚喜易」，說這位所謂「聖人」編寫了《周易》大傳裡的《彖辭》、《象辭》、《說卦》與《文言》數篇，讀的滾瓜爛熟，以至於編連竹簡的繩子斷了多次。但對其餘的四篇即《繫辭》上、下篇、《序卦》與《雜卦》，究為何人所寫並沒有提供任何訊息。其又參考張岱年認為《周易》大傳定於戰國中後期，認為在老子之後，莊子之前。又引用劉大鈞《周易概述》一書，亦認為《周易》大傳成書年代的下限又可能不會晚於戰國末期。[86]

六、王博對《易傳》的成書時代的看法

王博在其《易學通論》一書中總結，今本《繫辭傳》編輯應在漢初，其下限是漢武帝。[87]

86 王振復著：《巫術：周易文化的智慧》，（浙江：浙江古籍出版社，1990年6月），頁41–47。
87 王博著：《易學通論》（北京：中國書店，2003年），頁135。

綜合古今多位學者的判定，《繫辭傳》的成書年代，可上溯到戰國末期，下推至漢末。依筆者之見，「大衍之數」雖然只有224個字，卻包含了天地之數、筮法、一年的週期數、萬物之數等，這些對人們息息相關的數據，相信是流傳甚久，經由不斷的修正最後才簡化出的結晶。由最早通行本經、傳合冊，當屬東漢・鄭玄《周易鄭康成注》一書來推斷，本人認為「大衍之數」的始用時間應在戰國末年之後，京房（B.C.77—B.C. 37）之前，可靠的時間是西漢中期。它是隨著兩漢象數學的演進而產生的。人的發明往往是因需要而產生，因此王博將《繫辭傳》的成書時間下限降至漢武帝（B.C.140—B.C.87）是可以肯定的。

《繫辭傳》的成書業已肯定，就必須理會「大衍之數」之始用，如何從49這個數字，過渡到六、七、八、九，這四個關鍵性的數字，從「大衍之數」經過四營十八變，得出六、七、八、九這四個數字，作為占驗之依據。《連山易》、《歸藏易》以七、八為彖斷之依據，而《周易》則以九、六為依據。西漢末年的《京氏易傳》卷下記載「六十四卦配三百八十四爻，序一萬一千五百二十策，定天地萬物之情狀，故吉凶之氣順六爻上下，次之八、九、六、七之數，內外承乘之象，故曰兼三才二兩之。」[88]可知京房時代尚未將「六、七、八、九」與老陰、少陽、少陰、老陽比附在一起。《易緯乾鑿度》云：「易一陰一陽合為十五之謂道，陽變七之九，陰變八之六，亦合於十五，則彖變之數若之一也。」[89]這已明顯有少陰、少陽、老陰、老陽與八、七、六、九相比附的概念在內，到了東漢．鄭玄註解《乾鑿度》時，則明言之。根據《繫辭傳上》第九章所云：「大衍之數五十，其用四十有九，分而為二象兩，掛一以象三，揲之以四以象四時，歸奇於扐以象閏，五歲再閏，故再扐而後掛。四營而成易，十有八變而成卦。」

綜合從天地之數到大衍之數，河圖、洛書與大衍之數，從數字卦到大衍之數，以及「易繫辭傳」的成書時代與「大衍之數」的始用，將大衍之數的淵源深入探究，得到了一個結論：證明大衍之數五十其用四十九，乃是上天造化給人們的一種自然的啟示，內涵著易簡、變易、不易三種意義，以供趨吉避凶之用，除了理論之外，實務上的操作均能相輔相成。

88 盧央著：《京氏易傳解讀》（北京：九州出版社，2004年10月），頁519。
89 〔漢〕鄭玄注：《易緯乾鑿度》（台北市：新文豐出版，1987年），頁10。

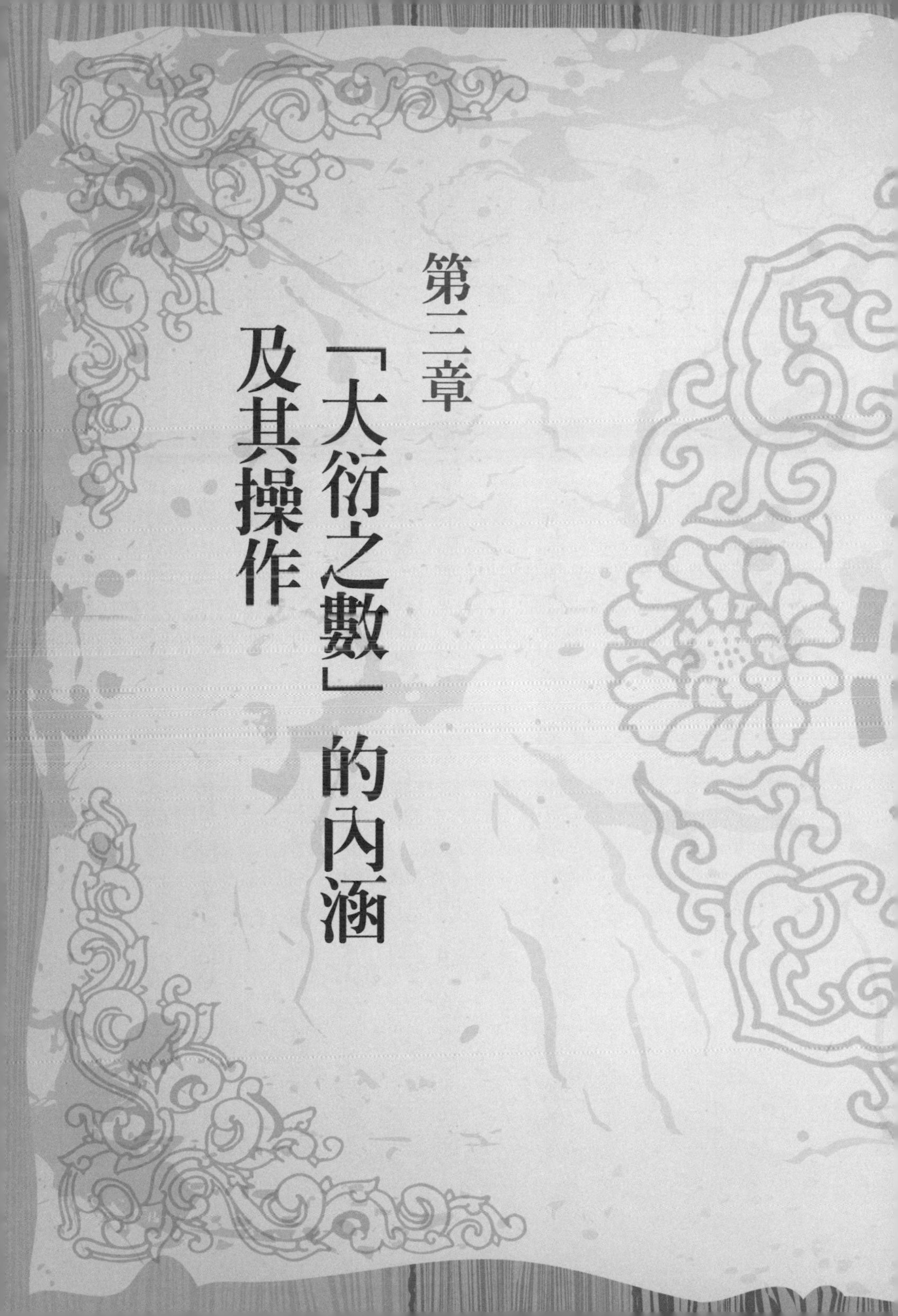

第三章 「大衍之數」的內涵及其操作

人類的宗教行為，雖可理解為尋找現世安全利益的信仰投注，事實上，背後有著更深一層的宗教結構性意義。質言之，人類宗教信仰除了表面的儀式活動外，一定有其獲得安全感的經驗結構。[1]

宗教的信仰一般來自於傳統的家庭，從小耳濡目染就是「卜杯」。[2]從信仰中得到神明的啟示，因而得到了安全感。所謂心誠則靈，目前各大小宮廟的香客還是此起彼落的「卜杯」聲，由「卜杯」得到籤詩，進行推斷，從中得到一些啟示；這一切均與「大衍之數」的衍化不無關聯。因此對「大衍之數」的意涵，就不得不做進一步的討論。

由「大衍之數」的源流到諸家對「大衍之數」的詮釋，以及大衍之數的操作方式，茲分述如下：

---

1 董方苑著：《台灣民宅門楣八卦牌守護功用的研究》（台北縣：稻鄉出版，1996年5月再版）頁101。

2 卜杯，一陰一陽叫穩杯；二陽叫笑杯；二陰叫陰杯。通常以三個穩杯，表示神明默許所問的問題。笑杯，表示神明尚在審查中。陰杯，則表示神明持否定的暗示。

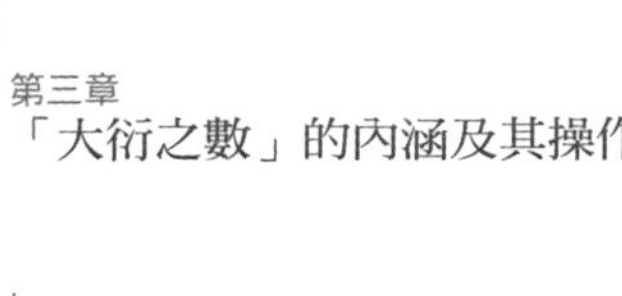

第一節 「大衍之數」的蘊涵

根據劉牧《易數鈎隱圖》的說法；所謂「大衍」就是「衍天地之數」。[3]所謂「大」只是美稱，「大衍」即是「衍」也。「衍」與「演」同音通假，又有「派分」之義。「衍」在《說文解字》中訓為「水朝宗於海也」引申為凡有餘之義[4]「大衍之數」的源流當從筮法和用途以及占斷等三部份來說明：

一、「大衍之數」筮法的構成要素

「大衍之數」的占筮法，須有它的道具、數字以及運用的原則等三部份。

（一）「大衍之數」的道具——筮竹、蓍草

考占筮法之道具，當初曾用過竹子。見《漢書・卷二十一上》：

3 〔宋〕劉牧：《易數鈎隱圖》，收入《正統道藏》第四冊，頁776。

4 〔漢〕許慎撰，〔清〕段玉裁注：《說文解字》（台北：洪葉文化，1999年），頁551。

數者，一，十，百，千，萬也，所以算數事物，順性命之理也。書曰：「先其算命。……其算法用竹，徑一分，長六寸，二百七十一枚而成六觚，為一握。……其數以《易》大衍之數五十，其用四十九，成陽六爻，周流六虛之象也。」[5]

以上這一段話，從數不斷增長的概念，順推性命的道理。今古文《尚書》都不見《漢書》這一段引文，因此吾人無法判斷所謂「書」究竟是指《尚書》或者其他書，但是《漢書》為東漢班固所撰，因此溯及西漢算命的算法，用竹子做為道具，直徑一分，長度六寸，全部二百七十一枚（策）而成六角形，雙手合而一握這二百七十一枚的數字，剛好是「大衍之數，其用四十九」。衍成乾陽六爻，二百一十六枚（六乘以三十六）的結果，又代表上下四方周流六虛的象徵，亦即是二百一十六加五十五，剛好二百七十一的總數。此段的最大遺憾是無法看到《書》的原文，蓋已亡佚。竹子容易取得，因此用竹子為道具，應是可確定的。

根據《御纂周易折中・卷二十一》對「大衍之數，其用四十有九。」所作的注

---

5 〔漢〕班固撰，〔唐〕顏師古注：《漢書》（台北：鼎文書局，1991年），頁956–957。

解：

「大衍之數五十，而蓍一根百莖，可當大衍之數者二。故揲蓍之法，取五十莖為一握。置其一不用，以象太極。而其當用之策，凡四十有九，蓋兩儀體具而未分之象也。」[6]

得知「大衍之數」所用的道具，是將蓍草一根百莖分做二份（河圖、洛書相加亦百數），來做為衍算的道具。《說文》：「易卦用蓍也。」從艸，古文「巫」字通作「筮」。[7]又《說文》：「蓍，蒿屬，生千歲三百莖，易以為數，天子蓍九尺，諸侯七尺，大夫五尺，士三尺，從艸耆聲。」[8]因此從《說文》得知，古代占筮用竹子，由巫師所掌之，所以筮從竹、從巫。可見最初之筮，當用竹而不是用蓍，有力的證據《尚書》這一段已亡佚，無從考証，僅從《周易》的經文與《易傳》的文字來加以區別，如《易．蒙》：「亨，匪我求童蒙……初筮告……。」《易．比》：

6 見《周易折中》下冊，頁1802。
7 〔漢〕許慎，〔清〕段玉裁注：《新添古音說文解字》，增修版，（台北：洪葉文化，1999），頁193。
8 見《說文解字》，頁35。

「比，吉，原筮元永貞……。」《易傳》云：「成天下之亹亹者，莫大乎蓍龜；蓍之德圓而神，卦之德方以智。」[9]眾所皆知《周易》成書早於《易傳》，所以合理的推測，用竹子做道具（筮竹），當在先秦之前，而蓍草當在秦之後。

《易．說卦傳》云：「昔者聖人之作《易》也，幽贊于神明而生蓍。」朱熹注曰：「幽贊神明」，猶言贊化育。[10]《史記．龜策列傳》曰：

「聞蓍生滿百莖者，其下必有神龜守之。其上常有青雲覆之。傳曰：『天下和平，王道得，而蓍莖長丈，其叢生滿百莖。』方今世取蓍者，不能中古法度，不能得滿百莖長丈者，取八十莖已上，莖長八尺，即難得也。人民好用卦者，取滿六十莖已上，長滿六尺者，即可用矣。」[11]

由以上得知龜卜和蓍草是有相聯屬的關係（神龜守蓍草），同樣都是作為占卜的工具。所以《繫辭傳．上》說：

9 見王弼：《周易》，頁35、39、167、169。

10 見朱熹《周易本義》，頁321。

11 〔漢〕司馬遷撰：《史記．龜策列傳》（台北：登福出版【白話史記】1997年），頁1241。

「探賾索隱，鉤深致遠，以定天下之亹亹者，莫大乎蓍龜。」高亨注曰：「探討事物之複雜，索求事物之隱晦，鉤取事物之深奧，推致事物之遼遠，從而決定天下事之吉凶，促成天下人之奮勉前進者，無有超過蓍龜者也。古人筮用蓍草，卜用龜甲。《易經》作者認為此二物是神物，占事最為靈驗。」[12]

經由以上的注解得知占筮的工具，在於它的靈驗性是經過長期的驗證結果，所以古人把它奉為「神物」，是來自天啟的產物，自然神聖靈驗無比了。

（二）「大衍之數」的演卦原理

最早為數學提出的構造性與機械化的典型範例，是《周易》中「揲蓍成卦」的方法：

「大衍之數五十，其用四十有九。分而為二以象兩，掛一以象三，揲之以四以象四時，歸奇于扐以象閏……是故四營而成易，十有八變而成卦……。」

12 高亨著：《周易大傳今注》（濟南：齊魯書社，2003年），頁405。

這是一個典型的機械化程序。[13]「大衍之數五十而其用四十九」，事實上應有一套算法程序，占筮的目的就是為了趨吉避凶，不管採用什麼方法，四營、三變，成卦就應該滿足以下的原則：

1、任意原則

占筮的過程與結果完全是偶然性，非人力所能主宰而任其自然，取決分開兩堆，而且有三次的偶然性，因此符合《繫辭傳上》說：「一陰一陽之謂道……陰陽不測之謂神。」朱熹注說：陰陽迭運者，氣也。其理則謂道。[14]另高亨注說：「陰陽之變化，有其必然性而可測者，有其偶然性而不可測者，其不可測者謂之神。」[15]由朱熹與高亨的注得知，蓍法任意原則，即六、七、八、九，四象的結果是偶然的，但是六十四卦的獲致均是必然的。

13 歐陽維誠著：《易學與數學奧林匹克》（北京：全國新華書局，2006年），頁17。

14 見朱熹：《周易本義》，頁268。

15 見高亨：《周易大傳今注》，頁389。

2、相等原則

六十四卦、三百八十四爻中，陰爻與陽爻出現的機率應該相同，陰陽爻各一百九十二爻。筆者為此在任教的中華道教學院做了兩次的隨機取樣：第一次用二十四位同學各衍一卦，共得到陽爻（七、九）78次與陰爻（六、八）66次；第二次用二十六位同學各衍一卦，共得到陽爻73與陰爻83。將兩次合計的結果，陽爻151，而陰爻149，僅相差1（平均150）。若取樣的數更多的話，相信兩者機率是一致的，所以是相等原則。見附表3.1.1及3.1.2

3、變動原則

雖然陰陽爻出現的機率大致相同，但變動的原則並不盡然相同。由前面兩次隨機取樣得到下面的結果：老陽九出現65次，少陰八出現109次，少陽七出現88次，老陰六出現13次。換算之下接近3/16（老陽），7/16（少陰），5/16（少陽），1/16（老陰）。老陽的變動比老陰爻的變動多12.5%。

《易・說卦傳》云：「數往者順，知來者逆，是故《易》逆數也。」高亨注曰：

表3.1.1　大衍筮卦表 1

24	23	22	21	20	19	18	17	16	15	14	13	12	11	10	9	8	7	6	5	4	3	2	1	筮卦
9 9 8 9 8 9	9 7 8 8 7 9	7 8 7 8 7 7	6 8 9 8 8 8	7 6 8 7 7 9	8 8 7 7 8 8	7 7 7 8 8 9	7 9 7 8 8 8	7 7 7 7 8 7	6 8 7 8 9 7	8 6 8 8 9 7	8 7 9 8 8 8	9 8 7 8 9 9	6 7 8 8 9 9	8 8 8 8 7 7	8 8 8 7 9 8	7 8 7 6 8 9	7 9 9 9 8 6	7 7 8 9 7 7	7 8 7 8 7 8	8 8 9 9 9 8	7 7 9 7 8 7	7 8 8 7 7 7	8 8 7 8 7 8	成卦數
52	48	44	47	44	46	46	47	43	45	46	48	50	47	46	48	45	48	45	45	51	45	44	46	揲數
家人	中孚	睽	豫	大畜	小過	無妄	否	同人	歸妹	臨	萃	睽	節	臨	升	噬嗑	遯	小畜	未濟	恒	同人	大畜	解	卦名

表3.1.2　大衍筮卦表 2

26	25	24	23	22	21	20	19	18	17	16	15	14	13	12	11	10	9	8	7	6	5	4	3	2	1	筮卦
9 9 8 8 6 6	9 7 8 8 9 8	8 9 9 9 9 9	8 9 8 8 8 7	8 8 8 8 8 7	8 8 7 9 7 7	9 7 8 7 8 8	7 8 7 8 8 8	8 8 7 7 9 8	8 7 8 7 9 7	8 8 9 8 8 7	6 6 8 8 9 9	7 9 6 8 6 8	8 8 7 7 7 8	8 9 9 8 8 7	9 7 9 8 7 8	7 7 7 9 9 9	8 8 8 9 9 9	8 8 8 9 8 7	7 8 8 8 8 8	6 9 9 7 8 7	8 8 8 7 9 7	8 9 9 7 8 9	8 8 8 8 9 9	7 8 7 8 7 8	7 8 8 8 8 7	成卦數
46	49	53	48	47	46	47	46	47	46	48	46	44	45	49	48	48	51	48	47	46	47	50	50	45	46	揲數
觀	渙	夬	屯	復	大壯	漸	晉	恒	需	震	臨	觀	恒	隨	訟	乾	泰	明夷	剝	革	泰	革	臨	未濟	頤	卦名

「人之數往者皆自遠而近，如云夏、商、周、秦、漢是也。自遠而近，是順數也，故曰『數往者順』。人之知來者皆自近而遠，如云今後一年、二年、三年、四年是也。自近而遠，是逆數也，故曰『知來者逆』。用《易經》占事，在於知來，所以六爻逆數。」[16]

因此由以上得知，老陽對於過去已知的事多於老陰將來未知的事，所以占卜對於變動的原則，將老陽暫定位於過去式，反之將老陰暫定位為未來式。見附表3.1.1及3.1.2。

4、最小原則

由以上的三個原則，而要求使用的蓍草數最少，最有效率並合乎邏輯。「大衍之數五十，其用四十九。」可以證明就是惟一的最佳選擇，任何小於四十有九的數，均無法用「四營」（分、掛、揲、扐）來衍算出六、七、八、九，四象之數，所以「大衍之數五十，其用四十九。」決非是一次經驗的結果，而是經過無數次的精算才產生的。前面在「大衍之數」的道具已提過一開始試用竹子，

16 見高亨：《周易大傳今注》，頁456。

其總數271策，由於數量太龐大，才不斷的改進，因此認為「大衍之數五十，其用四十九。」才是最小化，最合乎邏輯的運算策數。其出現的時間，最晚在西漢初。

二、「大衍之數」的用途

《繫辭傳上》云：

「《易》有聖人之道四焉，以言者尚其辭、以動者尚其變、以制器者尚其象、以卜筮者尚其占。」朱熹注曰：「四者皆變化之道，神之所為者也。」

《繫辭傳上》又云：

「是以君子將有為也，將有行也，問焉而以言，其受命也如嚮。無有遠近幽深，遂知來物。非天下之至精，其孰能與於此。」又注曰：「此尚辭尚占之事，言人以蓍問《易》，求其卦爻之辭，而以發言處事，則《易》受人之命而有以告之，如嚮之應聲，以決其未來之吉凶也。」[17]

17 見朱熹：《周易本義》，頁280。

由以上得知，「大衍之數」有朱熹所注的尚辭和尚占兩事之用途外，還有尚象與尚變兩種，茲分述如下：

（一）以言者尚其辭

《繫辭傳上》云：

「易，無思也，無為也。寂然不動，感而遂通天下之故。非天下之至神，其孰能與于此？」朱熹注說：「易指蓍卦，無思無為，言其無心也。『寂然』者，感之體。『感』『通』者，寂之用。人心之妙，其動靜亦如此。」[18]

朱熹將《易》無思也，無為也的「易」注為蓍卦，猶言「大衍之數」的筮法因蓍而得卦，最符合《周易本義》的真諦。

以言者尚其辭，用在現代的生活，就是藉由「大衍之數」而蓍得之卦爻辭，來做為發言處事的一種所謂的「因應之道」[19]的辦法；如同在打坐或登山之中的一種靈

18 同前註，頁281。

19 所謂「因應之道」就是，任由蓍卦的結果，以做為發言行事的一種參考依據，以排除個人的主觀意識的一種方法。

感，亦可視為是「無中生有」的另類思考。誠如《繫辭傳下》所云：「無有師保，如臨父母。」高亨注曰：「《易經》能指導人之行事，人有之似有師保，如臨父母也。」[20]

因此試舉一例來說明以言者尚其辭的事例：有一次中華道教學院的第十五屆應屆畢業生要本人題字，做為相互期許的言辭，一時之間腦袋空空，臨機一動《易》有聖人之道四焉，所以就求問蓍卦占，得七、八、八、八、九、七，《益・九五》爻辭說：「有孚惠心，勿問元吉，有孚惠我德。」[21]從字面就可理解，這一段話用在畢業紀念冊做為勉勵的話，實在非常貼切。由此以茲証明「以言者尚其辭」之重要用途。

（二）以動者尚其變

《繫辭傳》對動和變的敘述相當的多；「動」字出現十七處之多，「變」字出

20 見高亨：《周易大傳今注》，頁440。

21 見程頤：《易程傳》，頁379。

現二十七次之多，變動一起出現的有四次。如《繫辭上第二章》：動則觀其變而玩其占；《繫辭下第八章》：變動不居，惟變所適；《繫辭傳下第十章》：道有變動故曰爻；《繫辭傳下第十二章》：變動以利言，吉凶以情遷。[22]

由以上的變動體悟出，唯有借由「大衍之數」的「動」，才能變出在生活中遇到的一些難解而找不到答案，以探其之所以然的疑惑。例如與生活息息相關的「姓名學」筆劃之數字吉凶以及電話號碼尾數之休咎，本人嘗試以「大衍之數」用了五天的時間，一一衍出00～99的一百個數字和《易經》相應的卦爻辭，來比對坊間所出版姓名學的吉凶數字對照，綜合五、六本發現其均大同小異，並有相互抄襲之嫌。唯用「大衍之數」所變出來的結果，值得深入借鏡。

趙中偉在其專著《周易「變」的思想研究》一書提到「變」的辯証思維體，係以太極為體，是整個「變」的樞紐，化生萬物，無窮無盡。「變動」居於非常關鍵的地位，無論陰陽的變化，萬物的變通，都必須依靠「變動」的動力，才能生生不

22 見朱熹：《朱熹本義》，頁265，304，306，303。

息，源源不絕。[23] 由上述得知變動的無限潛力，不僅止於理論上，更能落實在日常生活，以作為人事間酬酢的最好道具。

寓數於理以觸類旁通，本人遂將疑惑付之於行動，得到以下的結果，見附表3.1.3，3.1.4，3.1.5以供參考。有別於坊間之吉、凶，而用筮得卦象隱喻其中。除此之外，並得「大衍之數」營數比例（見附表3.1.6）及「大衍之數」動爻比例表（見附表3.1.7）。這樣一舉兩得，有助於「大衍之數」的研究，更增加其用途上的另類思維。

表3.1.6，是筆者經由實際操演出來的結果，與余和群的〈過揲法的概念研究〉一文相吻合。他的研究成果在掛一以象三（天、地、人），是關鍵著四象（六、七、八、九）出現的概念。「掛一」是《周易》筮法本身的內在要求，起著平衡陰陽的作用，而非可有可無的條件。[24] 由此觀之「大衍之數」與三才之道有密切的關係。

---

23 趙中偉撰：《周易「變」的思想研究》，（輔仁大學中國文學研究所博士論文，1994年），頁135。

24 余和群〈過揲法的概率研究〉收入劉大鈞主編：《象數易數研究》（濟南：齊魯書社，1996年2月），頁273–282。

表3.1.3　大衍筮卦表 3

30	29	28	27	26	25	24	23	22	21	20	19	18	17	16	15	14	13	12	11	10	9	8	7	6	5	4	3	2	1	
878796	887887	788977	888789	999697	867996	777899	797778	878777	988988	887988	788777	898889	889868	888987	877888	788976	767969	986768	979777	778786	879998	898878	786887	877897	889988	897889	877788	697777	777787	大衍之數
井	震	大畜	明夷	履	恒	履	姤	需	艮	小過	大畜	屯	豫	明夷	萃	蠱	離	艮	乾	漸	大過	坎	頤	兌	小過	隨	咸	夬	同人	卦象
既濟		損	謙	明夷	隨	否	鼎		坤	豫		坤	師	復		損	訟	恆	需	家人	比	師	噬嗑	隨	坤	豫		大有		之卦
10		9	7	6	10	8	10		5	7		5	8	7		10	11	11	9	12	5	7	11	9	5	6		12		應變之爻
				6								5				3	2	2	4	1	0	0	0	0	0	0		0		宜變之爻

表3.1.4　大衍筮卦表 4

65	64	63	62	61	60	59	58	57	56	55	54	53	52	51	50	49	48	47	46	45	44	43	42	41	40	39	38	37	36	35	34	33	32	31	
766888	798877	879876	887789	888678	899789	798789	779987	678968	878898	776787	897888	997879	989887	769788	789687	788898	997779	787778	787688	888988	777788	698888	877689	679867	988989	777897	888888	799877	797688	788888	876886	779788	878886	888999	大衍之數
剝	中孚	困	豐	師	革	家人	同人	蹇	坎	家人	萃	履	噬嗑	旅	噬嗑	蒙	乾	鼎	晉	謙	遯	比	隨	隨	賁	履	坤	履	否	剝	比	遯	比	泰	卦象
否	損	節	小過	升	謙	艮	益	渙	比	同人	豫	解	復	漸	賁	剝	恆		旅	坤		剝	咸	中孚	坤	無妄		損	旅		隨	漸	屯	坤	之卦
12	9	10	8	10	5	7	8	11	7	13	7	6	6	10	10	7	7		11	6		8	10	12	4	10		8	10		12	9	10	4	應變之爻
				3	5			2				6	6		3		6					5	4					5	3						宜變之爻

表3.1.5　大衍筮卦表 5

	100	99	98	97	96	95	94	93	92	91	90	89	88	87	86	85	84	83
大衍之數	998779	999788	987978	987879	978988	879699	798887	987788	788867	887887	979976	888988	788888	787789	867889	697986	798866	668899
卦象	小畜	遯	鼎	睽	漸	兌	益	旅	頤	震	姤	謙	剝	離	震	咸	觀	臨
之卦	升	謙	解	解	比	蹇	頤	小過	損		節	坤		旅	萃	噬嗑	損	觀
應變之爻	6	5	7	7	6	7	8	8	11		8	6		9	9	10	11	9
宜變之爻	6	5	6	6					2							3	2	

	82	81	80	79	78	77	76	75	74	73	72	71	70	69	68	67	66
大衍之數	987779	678878	877698	888788	788877	898898	877878	798898	687898	787877	886896	887799	887677	987777	688987	778887	777786
卦象	大有	坎	困	謙	損	坎	困	渙	解	睽	師	大壯	歸妹	大有	明夷	益	遯
之卦	恆	渙	咸			坤		剝	晉		震	小過	大壯	大壯	頤		同人
應變之爻	8	11	10			5		6	9		10	7	12	10	9	10	13
宜變之爻			3			5											1

表3.1.6　大衍之數營數比例表

大衍之數營數比例表				
九	八	七	六	營數
115	248	188	49	次數
0.1916	0.4133	0.3133	0.0816	小數比例
3/16	7/16	5/16	1/16	約分數比例

表3.1.7　大衍之數動爻比例表

大衍之數動爻比例表							
六	五	四	三	二	一	0	動爻數
0	1	6	12	32	32	17	次數
0%	1%	6%	12%	32%	32%	17%	比例

（三）以制器者尚其象

所謂「行行出狀元」、「男怕選錯行」、「女怕嫁錯郎」，這三句話看似平常，但與生活非常密切。從大學的甄試填志願表到一般從業人員，經常困擾著職業的抉擇。由於個人從事的行業使然，不得不尋出一條客觀而帶點神秘意味的答案，發現唯有靠「大衍之數」蓍卦，來得到一些寶貴的參考線索，並因而領悟到「制器尚象」就是最好依附準則。所以必須將《繫辭傳》的十三個制器尚象歸類成行業別，並將其餘的五十一個卦，用其「互卦」即卦中卦的原則，比附出最接近的職業，便能事半功倍。今限於篇幅僅舉七例，加以說明餘則倣之。

《繫辭傳下》云：

「古者包羲氏之王天下也，仰則觀象于天，俯則觀法于地，觀鳥獸之文，與地之宜，近取諸身，遠取諸物，于是始作八卦，以通神明之德，以類萬物之情。作結繩而為网罟，以佃以漁，蓋取諸離。」

按李光地引王氏孫子曰：

伏羲氏繼天立極，畫八卦以前民用，後之聖人相繼而作制為相生相宜之具，皆所以廣天地生生之德。自網罟至書契是也。古者網羅所致曰離。詩曰：魚網之設，鴻則離之。二體皆離，上下網羅之象。[25]

由以上可將《離卦》引申為漁牧業、網路業、人力銀行，一切有關網羅的行業均可適用於《䷝離》、《䷤家人》、《䷾既濟》、《䷿未濟》等四卦。[26]

又云：

「包犧氏沒，神農氏作，斫木為耜，揉木為耒，耒耨之利，以教天下，蓋取諸益。」《周易集解》引虞翻曰：「震足動耜，艮手持耒，進退田中耕之象也。」[27]

25 見李光地：《周易折中》下冊，頁1499。

26 《家人》與《既濟》兩卦的《離》象取自於互體。據李鼎祚《周易集解》所引虞氏《易》注，其說「互體」之象者略可見諸三類：第一類，以二至四爻，三至五爻互含兩個三畫卦。第二類，以初至五爻，二至上爻含兩個六畫卦。第三類，以初至四爻，二至五爻，三至上爻互含三個六畫卦。見《象數與義理》頁135–136。

27 〔唐〕李鼎祚輯：《周易集解》，（台北市：臺灣商務，1968年），頁365。

由上述引申為農耕之相關職業，可適用於《䷩益》、《䷐隨》、《䷘無妄》以及《䷨損》取其綜卦，[28]共四卦。

又云：

「日中為市，故天下之民，聚天下之貨，交易而退，各得其所，蓋取諸噬嗑。」李鼎祚引翟元曰：「離象正上故稱日中也。坎水艮山，群珍所出，聚天下之貨之象也。震升坎降，交易而退，噬嗑食也。市井交易，飲食之道也。」[29]

由上述引申為商業以及食品和法律等相關職業，可適用於《䷔噬嗑》、《䷕賁》等二卦。

又云：

「黃帝堯舜垂衣裳而天下，治蓋取諸乾、坤。」李鼎祚引虞翻說：「乾為治，在上為衣，坤下為裳。（坤六五：黃裳，元吉。）乾坤萬物之縕，故以象衣

28 見《象數與義理》，明代《易》家來知德撰《周易集注》，發明「綜卦」、「錯卦」等說，其「綜卦」即本於虞翻的「反卦」之例。如《屯》與《蒙》，《師》與《比》，即是兩個相綜也。

29 見《周易集解》，頁364–365。

裳。乾為明君，坤為順臣，百官以治，萬民以察，故天下治，蓋取諸此也。」[30]

由上述引申為服飾和政治之相關行業，可適用於《䷀乾》、《䷁坤》、《䷆師》、《䷇比》、《䷌同人》、《䷍大有》、《䷒臨》、《䷓觀》、《䷖剝》、《䷗復》、《䷫姤》等十一卦。

又云：

「刳木為舟，剡木為楫，舟楫之利，以濟不通，致遠以利天下，善取諸渙。」李鼎祚引九家易說：「木在水上，流行若風，舟楫之象也。巽為長，為木。艮為手，乾為金，艮手持金。故刳木為舟，剡木為楫也。乾為遠天故濟不通，致遠以利天下矣。法渙而作舟楫，蓋取斯此義也。」[31]

由上述引申為海上運輸造船等相關行業，可適用於《䷺渙》、《䷮困》、《䷻節》等三卦。

又云：

30 同前註，頁365。
31 同前註，頁366。

「服牛乘馬，引重致遠，以利天下，蓋取諸隨。」

李鼎祚引虞翻說：

「否上之初也，否。乾為馬，坤為牛，為重。坤初之上為引重，乾上之初為致遠。艮為背，巽為股，在馬上，故乘馬。巽為繩，繩束縛物，在牛背上，故服牛。出否之隨，引重致遠，以利天下，故取諸隨。」[32]

由上述引申為陸上交通運輸之相關行業，可適用於《䷐隨》、《䷑蠱》等二卦。

又云：

「重門擊柝，以待暴客，蓋取諸豫。」

李鼎祚引九家易說：

「下有艮象，從外示之，震復為艮，兩艮對合重門之象也。坼者，兩不相擊以行夜也。艮為手，為小木，為止持。震為足，又為木為行。坤為夜，即手析木夜行，擊門之象也。坎為盜，虣水虣長無長，故以待暴客，既有不虞之

32 同前註，頁366。

備，故取諸豫矣。」[33]

由上述引申為保全、軍警、保險之相關行業，可適用於《䷏豫》、《䷎謙》等二卦。

其他未納入十三條制器尚象的卦有《䷢晉》、《䷣明夷》、《䷲震》、《䷴漸》、《䷜坎》、《䷼中孚》，依照前例可將《䷢晉》適用於旅遊業，因互卦有旅卦之象；《䷣明夷》適用於心靈諮詢師，因互卦有解除之象；《䷲震》適用於祭祀科儀法事之相關行業，因震為祭主；《䷴漸》適用於婚姻喜慶之相關行業，因漸卦女歸吉與婚姻相關；《䷜坎》適用於和水資源與養生之相關行業，因坎水和互卦有頤之象；《䷼中孚》最適合做醫生救人之相關行業，因中孚為誠信之主，醫師所重的是醫德，貴重誠實面對病人做最好的醫療。

以上將六十四卦部分納入參考職業與科系，供一些六神無主的人們，提供一些另類的思維尚有不周之處，僅供參考。以上是筆者對「大衍之數」之用途所做的陳述。

33 同前註，頁366。

三、大衍之數與占斷（以卜筮者尚其占）

用《易經》來卜筮，最重要的是占得之結果，以預知吉凶，便於趨吉避凶，做為人民從事事業的行動準則，這是「大衍之數」最重要的用途。然而筮法依照公式推演並不困難，重點在於休、咎之推斷，所謂「起卦容易，解卦難」，今就吉、凶、悔、吝、厲、無咎次第釋之。

吉凶悔吝無咎的概念，從《繫辭傳》來探討比較容易理解。《繫辭傳上》云：「天垂象，見吉凶。」[34]表示吉凶的概念是從天上所發生的現象，如風調雨順、陽光、月圓，予人的感覺是吉的；反觀，狂風暴雨、酷熱、雷殛、月缺予人的感覺是凶的。又云：「方以類聚，物以群分，吉凶生矣。」[35]因人有種族不同，物有異群，各以其族群相分，矛盾對立，於是吉凶產生了，這是從人和物得到了吉凶的啟示。所以又云：「聖人設卦觀象，繫辭焉而明吉凶。」[36]因此聖人藉畫卦觀象，並將吉凶

34 見《繫辭傳上第十一章》。
35 見《繫辭傳上第一章》。
36 見《繫辭傳上第二章》。

繫在卦爻辭上。又云：「八卦定吉凶，吉凶生大業。」[37]說八卦相重成六十四卦，吉凶之象顯現，人據以趨吉避凶，偉大的事業因此產生了。

又云：「吉凶者，失得之象也；悔吝者，憂虞之象也。」[38]認為吉凶是來自人行事得當與否，悔者不小心意外，吝者困難羞於啟口，因此讓心中產生憂虞恐懼的現象。又云：「吉凶者，言乎其失得也。悔吝者，言乎其小疵也。無咎者，善補過也。」[39]此說吉凶的產生出自於主觀努力與否；悔吝者出自於人平常的粗心大意；無咎者出自於人知錯能改善與反省。又云：「辨吉凶者存乎辭，憂悔吝者存乎介，震無者存乎悔。」[40]從卦爻辭可以分辨吉凶，能知所進退。遇悔吝而擔憂者，是因對事的輕忽而不知警惕，能化解危機是因為能觸動傷痛，悔不當初而知圖改。所以又云：「爻也者，效天下之動者也，是故吉凶生而悔吝者也。」[41]所以說：卦有六爻，

37 見《繫辭傳上第十一章》。
38 見《繫辭傳上第二章》。
39 見《繫辭傳上第三章》。
40 同前註。
41 見《繫辭傳下第三章》。

每爻都是動爻，它倣效天下萬事萬物之動，用爻辭來告訴人行動，因此《易經》的卦爻象及卦爻辭，便可體現人事的吉凶悔吝。

又云：

「吉凶悔吝者，生乎動者也。吉凶者，貞勝者也。爻象動乎內，吉凶見乎外，功業見乎變。」[42]

認為所謂的吉凶悔吝四者，皆出於人的行動。吉凶應朝正面而非負面，才算是真正的吉。由於爻象變於卦內，吉凶顯現於卦外，事業的成功肇因於人依據爻象的變化，採取趨吉避凶的應變措施所致。

最後云：「易窮則變，變則通，通則久，是以自天祐之，吉無不利。」[43] 此說《易經》的道理，在於明白變化是必要的，唯有窮、變、通、久，一切的危機都可能是轉機，觀念思維均正確了，自然就沒有所謂的利不利的問題。認為每件事都是吉利的，冥冥中有上天的庇祐。有了以上的概念，再來分別理解就容易多了。

42 見《繫辭傳下第一章》。
43 見《繫辭傳下第二章》。

兩派六宗暨近人對「大衍之數」的解讀

欲對「大衍之數」做全面的理解，有賴於兩派六宗以及近代之註說。

據《四庫全書・經部・易類》云：

「《左傳》所記諸占，蓋猶太卜之遺法。漢儒言象數，去古未遠也；一變而為京（房）、焦（贛），入于禨祥；再變而為陳（摶）、邵（雍），務窮造化。《易》遂不切於民用。王弼盡黜象數，說以老莊；一變而胡瑗、程子，始闡明儒理；再變而李光、楊萬里，又參証史事。《易》遂日起論端。此兩派六宗，已互相攻駁」。[44]

由以上知其兩派為象數派和義理派；六宗為象數宗、禨祥宗、造化宗、老莊宗、儒理宗、史事宗。

自古迄今有關《周易》的註解，均不脫離兩派六宗，因此「大衍之數」將採用兩派六宗各代表人物來分述如下：

44 〔清〕永瑢等傳：《四庫全書總目》，頁1。

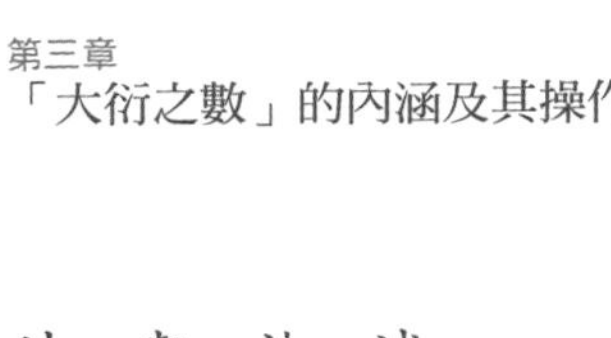

一、象數派對「大衍之數」的解說

象數派的特徵是以象數解《易》；把宇宙萬物符號予以數量化，藉以推斷宇宙事物的變化。象數宗以漢儒鄭玄為代表，以求福祥避凶邪的；禨祥宗以漢代京房為代表，運用先天象數學，探求宇宙自然變化的；造化宗以宋代邵雍為代表。下文就三家路數，來解其對「大衍之數」的觀點。

（一）鄭玄對「大衍之數」的觀點

鄭玄說：

「大衍之數五十，天地之數五十有五，以五行氣通，凡五行減五，大衍減一故四十九也，衍演也。揲取也。天一生水於北，地二生火於南，天三生木於東，地四生金於西，天五生土於中，陽無耦陰無配未得相成，地六成水於北與天地并，天七成火於南與地二并，地八成木於東與天三并，天九成金於西與地四并，地十成土於中與天五并也。大衍之數五十有五，五行各氣并，氣并而減五，惟有五十以五十之數不可以為七八九六卜筮之占以用之，故更減其一故四十九也。」[45]

按鄭玄用天地之數五十有五，減去五行，大衍又減一，所以「大衍之數」用四十九，以五十五為體。又用天地生成之數和五行之氣來補強其觀點，並認為唯有用五十減一才能衍出七、八、九、六之占。此說純粹從象數的角度入手，又與河圖十數相仿，即用天地之數五十有五，減去五行生數共十五，餘四十，又減取六、七、八、九之成數餘十，居河圖之中，代表中土。即顯示出五行四方，又將生成五行之數分佈而氣通「大衍之數」之扼要而精深。可見其《易贊・易論》：「易之為名也，一言而含三義：易簡一也；變易二也；不易三也。」[46]

因此鄭玄對「大衍之數」之解說，恰反映他在《易贊》對《易》所下的定義：

如天地之數五十有五，減去五行之氣，易簡也；又減其一，四十有九，變易也；惟用四十有九能成六、七、八、九之結果，不易也。

45 〔漢〕鄭玄撰，〔宋〕王應麟編：《周易鄭康成註》，《影印文淵閣四庫全書》第七冊，（臺灣商務），頁143。

46 見《周易鄭康成註》，頁145。

（二）京房對「大衍之數」的觀點

京房說：

「大衍之數五十，其用四十有九，五十謂十日十二時辰二十八星宿也，凡五十其一不用者，天之生氣將欲以虛來實，故用四十九焉。」[47]

按京房用十日即十天干，十二時辰即十二地支，二十八星宿來合五十，其一不用為生生不息之氣，猶如卦氣之循環，用虛來取實而得六、七、八、九，所以用四十九。這些觀點類似《四庫全書提要》評《京房易傳》說：

「上卷中卷以八卦分八宮，每宮一純卦統七變卦，而注其世應飛伏，游魂歸魂例。下卷首論聖人作易，揲蓍布卦，次論納甲法，次論二十四氣候配卦，與天地人鬼四易，父母兄弟妻子官鬼等爻，龍德虎刑，天官地官與五行生死所寓之類。」[48]

因此十干、十二支即混天六十中子，納入八宮並依次注入世應、飛伏、六親於

47 黃奭撰：《京房易章句》，載於王謨撰：《京房易傳》（台北：武陵，2001年），頁57–58。
48 〔漢〕京房撰：《京氏易傳》，《欽定四庫術數全集》第十八冊，（逸群圖書，1994年），頁440。

六十四卦中。二十八星宿又附在二十四節氣中，分配於六十四卦。[49]

所以京房承襲孟喜之卦氣說，再配上干支五行於六十四卦中來解《易》，也影響其對「大衍之數」的觀點，尤其是他的「飛伏」說，正誠如「天之生氣，將欲以虛來實。」因伏在本宮是既有事實，是必然性。飛在他宮是未來，是虛的，是偶然性。「大衍之數」算法有一定的規則，而結果是偶然的，這與京房的飛伏說是相似的。

（三）邵雍對「大衍之數」的觀點

邵雍說：

「蓍德圓，以況天數，故七七四九也。五十者，存一而言之也。卦德方，以況地之數，故八八六十四也。六十者去四而言之也，蓍者，用數也。卦者，體數也。用以體為基，故存一也；體以用為本，故去四也。圓者本一，方者本四，故蓍存一而卦去四也。蓍之用數七，並其餘分，亦存一之義也。挂其一，

49 二十八星宿起角宿於辰宮，逆行十二辰於二十四節氣中，再配京房卦氣合周天。

亦去一之義也。」[50]

按邵雍用天圓地方，將蓍德比擬天數四十九為用，將卦德比擬地數六十四為體。這就是他將體用的概念用在「大衍之數」上，又將存一去四來解說「用以體為基，體以用為本」，可見他對「一」的概念是抽象可以衍化的。用在實物的應用，一是原則性，如他在「梅花易數」卜的應用即以動為用卦，不動為體卦，用來生體固然大吉，反之剋體必凶，這就是他將萬物用數比擬，以致得出體用來做為判斷吉凶的依據。

因此得知邵雍對「大衍之數」的觀點是從數學的角度切入，配以天圓地方和體用關係，作為架構的一種思維模式。

二、義理派對「大衍之數」的解說

義理派與象數派相對立，其特徵是捨象取義，得意忘象。《周易・繫辭傳》開

50 見邵康節：《皇極經世書下》，頁909–910。

義理派之先。首建義理學的是魏・王弼。王弼認為：

「互體不足，遂及卦變；變又不足，推致五行。一失其原，巧愈彌甚，縱復或值，而義無所取。蓋存象忘意之由也。忘象以求其意，義斯見矣！」[51]

因此他反對漢易之重象數而改重義理，以老莊解易而自成一派，謂之老莊宗之代表。儒理宗藉易理以闡發儒理的代表，有宋代的胡瑗、程頤、朱熹。引史事入易的史事宗代表人物有李光和楊萬里。茲分述其三宗對「大衍之數」的觀點。

（一）王弼對「大衍之數」的觀點

王弼認為：

「演天地之數，所賴者五十也。其用四十有九，則其一不用也。不用而用以之通，非數而數以之成，斯易之太極也。四十有九，數之極也。夫天不可以無名明，必因于故常于有物之極，而必明其所由之宗也。」[52]

按王弼對「大衍之數」的觀點，當承襲其對《老子・十一章》：

51 見王弼：《周易略例・明象》，頁20。
52 見王弼：《周易正義》卷七，頁279。

「三十輻共一轂，當其無，有車之用。」之解說：「轂所以能統三十輻者無也，以其無能受物之故，故能以實統眾也。」[53]將無與其一不用的太極相比擬有關。因此他除了繼承老子之太極觀之外，並開啟了「卦主」之說：

「夫象者何也，統論一卦之體，明其所由之主也。夫眾不能治眾，治眾者，至寡者也。夫動不能制動，制天下之動者，貞夫一者也。故眾之所以得咸存者必主致一也。動之所以得咸運者原必無二也。物無妄然，必由其理，統之有宗，會之有元，故繁而不亂，眾而不惑，故六爻相錯，可舉一以明也。」[54]

可見其將「大衍之數」會通老子的道，掃去象數又理出「卦主」，一掃象數的用多，而盡其用寡以統眾，這是創義理派老莊宗的先河。以致後世對「卦主」說的重視，應與「大衍之數」有密切的關係。

53 〔魏〕王弼注，紀昀校訂：《老子道德經》，（台北市：文史哲，1997年），頁23。
54 見王弼：《周易略例・明彖》，頁1–2。

（二）胡瑗、程頤、朱熹三人對「大衍之數」的觀點

1、胡瑗認為：

「大衍之數當有五十有五，何以明之？按上文言天一地二；天三，地四；天五，地六；天七，地八；天九，地十。是天數二十有五，地數三十總而五十有五也。今經文但言五十者，蓋簡編脫漏矣，然則天地生成之道始於太極，故聖人因其天地生成之道，自然之理積其成數，總而五十有五，以明天地之大法。」[55]

按胡瑗對「大衍之數」的觀點，在於自然生成之道理，以天地之數五十有五為太極的原理，進而推演「大衍之數」。認為五十者是因簡編脫漏所致，此觀點當是首創，也影響後人的一些看法。如近代的金景芳和呂紹綱在其著作的《周易全解》即可証明。

2、程頤認為：

「大衍之數五十，蓋以河圖中宮天五乘地十而得之，至用以筮，則又止用

---

55 〔宋〕胡瑗撰：《周易口義》，載《影印文淵閣四庫全書》第八冊，（台灣商務），頁487。

四十有九，蓋皆出於理勢之自然，而非人之知力所能損益也。」[56]

按程頤對「大衍之數」的觀點，五十之數來自河圖中宮五與十相乘，而用四十有九，是出自於自然理勢而不假以人力，此觀點直接影響了朱熹，在《周易本義》卷七所述略同。[57]

3、朱熹認為：

「河圖、洛書之中數皆五，衍之而各極其數以至於十，則合為五十矣。河圖積數五十五，其五十者，皆因五而後得，獨五為五十所因，而自無所因，故虛之則但為五十。又五十五之中，其四十者，分為陰陽老少之數，而其五與十者無所為，則又以五乘十，以十乘五而亦皆為五十矣。洛書視數四十五，而其四十者，散佈於外，而分陰陽老少之數，唯五居中而無所為，則亦自含五數，而并為五十矣。大衍之數五十，而蓍一根百莖，可當大衍之數者二，故揲蓍之法，取五十莖為一握，置其一不用以象太極。而其當用之策，凡四十有九，蓋

56 見程頤：《易程傳》，頁590。
57 見朱熹：《朱熹本義》，頁277。

兩儀體具而未分之象也。」[58]

按朱熹對「大衍之數」的觀點，可以窺出其採用程頤用河圖中數相乘的基數作為立論，和王弼虛一不用而推太極說，而分陰陽老少四象，並從蓍草一根百莖，折合河圖、洛數之半數，猶一分為二，則為「大衍之數」的五十策數，虛其一不用。可見朱熹是採繼承與開創並見的思維，來解析「大衍之數」既重義理又兼象數，集象數義理之大成，所以對後世的影響相當深遠，而且對理論與實務是相輔相成。

(三)楊萬里、李杞對「大衍之數」觀點

1、楊萬里認為：

「易道尚占揲蓍之法也，其法有所謂數之用，有所謂數之本，有所謂數之終。何謂數之用大衍之數五十是也，五十者天地之成數也。程子曰：數始於一備於五小衍之為大衍之為五十。呂氏曰：參天兩地而為五，故十者兩其五，故

58 見朱熹：《易學啟蒙・明蓍策》，頁373。

十者兩其也五也，五十者十其五也，二說得之矣。故天地之數不過五，然其數五十而其用四十有九者，虛其一者復歸於一也。」[59]

按楊萬里對「大衍之數」的觀點，是從易道尚占入手，有數之用，數之本，數之終。「大衍之數」就是數之用。而數之本，繼承程氏的河圖五十相乘之積，和呂氏引自《易傳》參天兩地之相加數為本而成五十。虛其一者，復歸於一，就是數之終。換言之「大衍之數」有始有終，往復循環以盡其用，有如歷史之潮流不斷，所以歸於史事宗。

2、李杞認為：

「大衍之數當以天地五十有五之數求之，而鄭氏則求其說而未得其要者也。夫天數二十有五，地數三十，天地之數五十有五，此河圖自然之數也。然天地五行惟以十為用，故乾得九一成十，坤得四六成十，艮震合得三七成十，巽兌合得二八成十，坎獨得十共為五十，而天五無偶寄於離，為虛位而退藏於密，五不為用而以十為用。此大衍之數實出於天地之數，而止於五十者也，然

59 〔宋〕楊萬里撰：《誠齋易傳》，載《影印文淵閣四庫全書》第十四冊，（台灣商務），頁731。

而止用四十有九，則虛其一而無一又不為用也。」[60]

按李杞對「大衍之數」的觀點，對先哲多所批評，獨樹一格，用五行而虛五不用，惟用其十者，將河圖、洛書混合配八卦，以離中虛之象虛其五而退藏於密（見《繫辭傳上．第十一章》），止於五十，見諸《乾．初九》潛龍，勿用。減其勿用之一，而止於四十有九為用。如此之觀點本於自然為體，後天五行為用，並參諸八卦和六爻，雖名為史証，然其表現象數居多。〔李杞與李光同為史事宗，李光《讀易詳說》並未對《易傳》有做注解，所以舉李杞之說。〕

三、近代學者對「大衍之數」的解說

（一）高亨對「大衍之數」的觀點

高亨認為：

60 〔宋〕李杞撰：《周易詳解》，載《影印文淵閣四庫全書》第十九冊，（台灣商務），頁539。

「大衍之數用《易經》演算，備蓍草五十五策，但只用四十九策。所以備五十五策者，凡天地之數五十有五，以天地之數定大衍之數也。所以餘六策而不用者，以此六策明六爻之數也。」[61]

按高亨對「大衍之數」的觀點，以「天地之數五十有五」為體，「大衍之數四十有九」為用，虛六象徵六爻之數。暗示筮法逆數，周流六虛，以逆知未來之吉、凶、悔、吝、厲、咎，六種占驗以茲參考，此其與眾不同之說。

(二)金景芳、呂紹綱對「大衍之數」的觀點

金呂認為：

「大衍之數五十有五，是自然數，筮法是人為的，用49根蓍草，是因為49根經過四營三變的結果，能得出七、八、九、六；得出七、八、九、六才能形成卦。不用55根蓍草，因為55經過四營三易的結果，不能得出七、八、九、

61 見高亨：《周易大傳今注》，頁394。

六，得不出七、八、九、六便形成不了卦。所謂蓍或策在這裡不過是一個籌碼。蓍、籌、碼、策等是一回事，是古代的計算工具。筮不用蓍草，用筷子、火柴棍兒也可以。」[62]

按金、呂對「大衍之數」的觀點，猶如在前章所說「大衍之數」的四種原則相仿：任意原則（得卦是隨機的）、公平原則（陰陽爻等概率）、變動原則（九六為變）、最小原則（四十九是最小數）。至於占筮道具，則可任意取代，符合其自然原理，目的在於求卦，不執著於道具。於實証中效果是等同，當以心誠則靈為要。

以上兩派六宗以及近代三人共十一位（其中李杞與李光同為南宋史事宗之代表）先賢對「大衍之數」的解說，集義理象數，由理論到實務，兼融儒道兩家，有助益於解《易》之思維。從微觀展望宏觀，由占筮擴及心靈，將吉凶禍福轉化成陰陽消長，受茲介福於「大衍之數」中。

62 見金景芳，呂紹綱：《周易全解》，頁475。

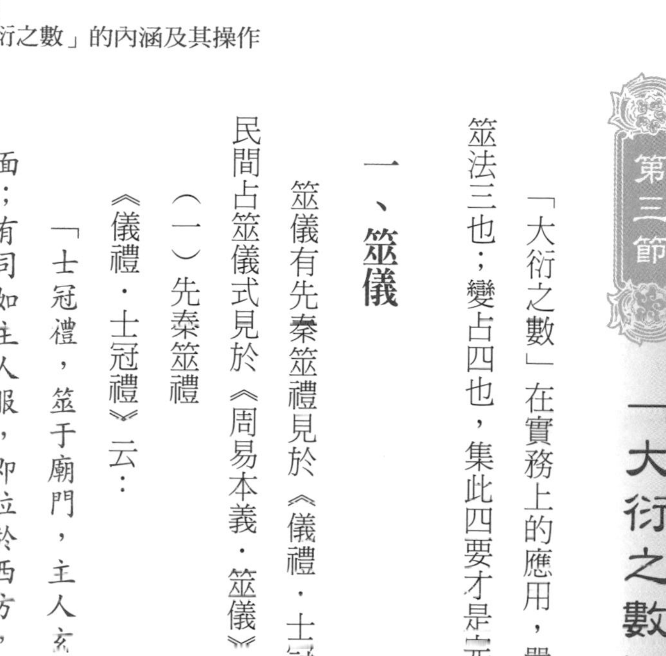

第三節 「大衍之數」的操作方式

「大衍之數」在實務上的應用，嚴格來說，有四要務：筮儀一也；筮辭二也；筮法三也；變占四也，集此四要才是完整的實務占筮。茲分述如下：

一、筮儀

筮儀有先秦筮禮見於《儀禮．士冠禮》；屬於官方貴族占筮儀式，和唐宋以後民間占筮儀式見於《周易本義．筮儀》，以及當代的筮儀。

（一）先秦筮禮

《儀禮．士冠禮》云：

「士冠禮，筮于廟門，主人玄冠，朝服，緇帶，素韠，即位於門東，西面；有司如主人服，即位於西方，東面，北上，筮與席，所卦者，具饌於西塾，布席于門中，闑西閾外，西面，筮人執策，抽上韇兼執之，進受命于主人，宰自右少退，贊命，筮人許諾，右還，即席坐，西面，卦者在左，卒筮，書卦，執以示主人，主人受眡，反之，筮人還，東面旅占，卒，進告吉。」[63]

《儀禮・特牲饋食禮》云：

「特牲饋食之禮，不諏日，及筮日，主人冠瑞玄，即位于門外，西面。子姓兄弟如主人之服，立於主人之南，西面北上。有司群執事如兄弟服，東面北上。席于門外，闑西，閾外。筮人取筮于西塾，執之，東面受命于主人。宰自主人之左贊命，命曰：『孝孫某，筮來日某，諏此某事，適其皇祖某子，尚饗！』卒筮，寫卦。筮者執以示主人。主人受視，反之。筮者反，東面，長占。卒，告于主人：『占日吉』。」[64]

《儀禮・少牢饋食之禮》云：

「少牢饋食之禮，日用丁己。筮于廟門之外，主人朝服，西面于門東。史朝服，左執筮，右抽上韇，兼與筮執之，東面受命于主人，主人曰：『孝孫

63 〔漢〕鄭玄注，〔唐〕賈公彥疏：《儀禮注疏》，載李學勤主編《十三經注疏》，（北京：北京大學出版，1999年12月），頁5–13。

64 見鄭玄：《儀禮注疏》，頁837–841。

某，來日丁亥，用薦歲筮于皇祖伯某，以某妃配某，氏尚饗！』史曰：『諾』西面于門西，抽下韇，左執筮，右兼執韇以擊筮。遂述命曰：『假爾大筮有常，孝孫某，來日丁亥，用薦歲事于皇祖伯某，以某妃配某氏，尚饗！』乃釋韇，立筮。卦者在左坐，卦以木，卒筮，乃書卦于木，示主人，乃退占，吉，則史韇筮，史兼執筮與卦以告主人：『占曰從』。」[65]

按鄭玄注賈宮彥疏之以上三禮，綜合整理出以下的扼要筮儀：

商周時代貴族將決定大事而舉行占筮，首先分辨「外事以剛日，內事以柔日。」即內事用柔日必丁己，取其令名，自丁寧，自變改，皆為謹敬用於冠昏祭祀。外事用剛日即甲丙戊庚壬五日，用於出郊，請征伐、巡狩之等。

其次在宗廟內舉行占筮儀式，占筮時，求卦的貴族身穿禮服，頭戴禮冠，站立于廟門東側，面西；掌持占筮的太卜也穿戴禮服禮冠，立於西側，面向東方。筮必朝服者，乃尊蓍龜之道也。先由筮者在門中鋪上竹席作為占筮場所，然後從西塾中取出占筮工具，即取其所用問神明之蓍草也。再進去向貴族請命，即請示占筮求卦

65 見鄭玄：《儀禮注疏》，頁897–901。

的內容，謂受命于蓍，由司主政教者代為傳達，領命完畢，筮者回到原處，跪坐竹席上，開始占筮。占筮共有四個步驟，首先「受命於筮」即向神靈出問題（如天垂象）。

其次由卦者將四營十八變的結果，以杖畫地記六、七、八、九於六爻中；再由站在筮者左邊的卦者，根據結果在木板上畫出六爻符號；得卦後由筮者執交主人過目；最後根據紀錄的卦象由筮者按《周易》象數易理進行分析，來判斷吉凶這就是占卦的全程筮儀。

此筮儀首重擇日（分剛外柔內）、朝服（以示恭敬蓍龜之道）、場所（以示神聖）、方位（確立尊卑）、筮者（演卦解卦者）、卦者（有如侍從官即今之助理）、貴族（筮問之人），各職其事，其中筮者職責最重。

（二）唐宋筮禮

《周易本義・筮儀》云：

「擇地潔處為蓍室，南戶，置牀於室中央。蓍五十莖，韜以纁帛，貯以皂囊，納之櫝中，置於牀北。設木格於櫝南，居牀二分之北。置香爐一於格南，香合一於爐南，炷香致敬。將筮，則洒掃拂拭，滌硯一，注水，及筆一，墨一，黃漆板一，於爐東，東上，筮者齊潔衣冠北向，盥手焚香致敬。兩手捧櫝蓋，置於格南爐北，出蓍於櫝，去囊置於櫝東，合五十策，兩手執，薰於爐上。命之曰：假爾泰筮有常，某官姓名，今以某事，云云，未知可否？爰質有疑於神於靈，吉凶得失、悔吝憂虞，惟爾有神，尚明告之。」[66]

按《周易本義》之筮儀有蓍室（以示神聖空間）、蓍莖（以示天生的神物）、木格（以示慎重）、香爐（以示潔淨）、炷香（以示通天）、文房四寶（以示四象）、朝筮服（以示恭敬龜筮之道）、命辭（以示受命筮草告予休咎）等八道象徵八卦，亦象天、地、水、火、風、雷、山、澤。顯示其極盡恭敬虔誠之心。

綜觀先秦與唐宋之筮儀，稍有不同之處在於後者，有置香爐和炷香，其餘大致相沿襲。

66 見朱熹：《周易本義．筮儀》，頁347–348。

二、筮辭

（一）李鏡池將「筮辭」分成三類，名稱如下：

甲、象占之辭——示辭。

乙、敘事之辭——告辭。

丙、貞兆之辭——斷辭。

見附表（3.3.1）《乾》、《大過》、《大壯》三例。[67]

按李鏡池之筮辭，由卜辭的觀察，再總結《周易》的卦爻辭，得出三類名稱。比附於《繫辭傳上・十一章》：

「天生神物，聖人則之。天地變化，聖人效之。天垂象，見吉凶，聖人象之。河出圖，洛出書，聖人則之。易有四象，所以示也。繫辭焉所以告也。定之以吉凶，所以斷也。」[68]

67 李鏡池著：《周易探源》（北京：中華書局，2007年9月），頁108–109。

68 見王弼：《周易正義》卷七，頁290。

表3.3.1　筮辭1

卦爻	（甲）象占之辭	（乙）敘事之辭	（丙）貞兆之辭
乾			元亨。利貞。
初九	潛龍。		勿用。
九二	見龍在田。	利見大人。	
九三		君子終日乾乾，夕惕若！	厲。無咎。
九四		或躍在淵。	無咎。
九五	飛龍在天。	利見大人。	
上九	亢龍。		有悔。
用九	見群龍無首。		吉。
大過	棟橈。	利有攸往。	亨。
初六		藉用白茅。	無咎。
九二	枯楊生稊，	老夫得其女妻。	無不利。
九三	棟橈。		凶。
九四	棟隆。		吉，有它。吝。
九五	枯楊生華，	老婦得其士夫。	無咎。無譽。
上六		過涉，滅頂。	凶。無咎。
大壯			利貞。
初九		壯于趾。征凶。有孚。	
九二			貞吉。
九三	（3）羝羊觸藩。羸其角。	（1）小人用壯，君子用罔。	（2）貞厲。
九四	（3）藩決不羸。	（4）壯于大輿之輹。	（1）貞吉。 （2）悔亡。
六五		喪羊于易。	無悔。
上六	羝羊觸藩。不能退，不能遂。		無攸利，艱則吉。

（二）高亨對「筮辭」的四類名稱

周易筮辭共四百五十條（卦辭六十四條，爻辭三百八十四條，乾用九、坤用六各一條。），皆不出乎記事（占問事由）、取象（天文地理人事物象）、說事（格言省思）、斷占（吉凶悔吝厲咎）四類。今製一表，四類分欄敘列，不相參雜。[69]（見附表3.3.2）

卦形	卦名	爻題	筮辭：記事之辭	筮辭：取象之辭	筮辭：說事之辭	筮辭：斷占之辭
☰☰	乾		元亨			利貞
		初九		潛龍		勿用
		九二		見龍在田		利見大人
		九三			君子終日乾乾夕惕若	厲无咎
		九四		或躍在淵		无咎
		九五		飛龍在天		利見大人
		上九		亢龍		有悔
		用九		見羣龍无首		吉
☷☷	坤	元亨				利牝馬之貞君子有攸往先迷後得主利西南得朋東北喪朋安貞吉
		初六		履霜堅冰至		
		六二			直方大不習	无不利
		六三	含章			可貞或從王事无成有終
		六四		括囊		无咎无譽
		六五		黃裳		元吉
		上六		龍戰于野其血玄黃		

表3.3.2　筮辭2

69　見高亨：《周易古經通說》，頁65–66。

按高亨將《周易》筮辭分成四類，今僅擇《乾》、《坤》兩卦錄之於附圖，與李鏡池之附圖有相異之處。就乾卦元亨利貞而言，李鏡池均做貞兆之辭，而高亨則分別元亨為記事之辭與利貞為斷占之辭。

由此可見有關《周易》的筮辭各有不同之看法，所以對「大衍之數」實務論占，當因人而異，做出差異性的結論。

（三）當今實務之筮辭

當今實務所用之筮辭，可分為五類，即前辭、命辭、象辭、占辭、驗辭。茲分述如下：

1、前辭：筮者占筮日期包含年、月、日、旬。

2、命辭：筮者筮問的問題，依實情詳細說明文字化。

3、象辭：記錄「大衍之數」實得之營數六、七、八、九，四象轉換成六爻的卦象，即主卦和變卦。

4、占辭：包括主卦卦辭，動爻爻辭，變卦卦辭，做出結論。

5、驗辭：保留占辭，做為事後之驗證。

按以上五條是參綜李鏡池、高亨兩人以及卜辭的相關內容而得出的心得。見附表（3.3.3）。

易卦占卜用箋					
前辭 天運　年　月　日　旬					
姓名	年齡	住址			
命辭（事由）：					
用神	忌神	月破		主卦	
喜神	仇神	日破		變卦	
月建	日神	旬空			
彖辭 主卦：、、、、、、					
占辭 主卦卦辭： 動爻爻辭： 變卦卦辭： 結論：					
驗辭					

表3.3.3　筮辭3

三、筮法（朱熹筮法）

筮法是得卦之衍算程序，至於道具由原始的「蓍草」，簡化成符合五十其用四十九即可，如用拜過的香腳或竹筷，均可取代而應用之，今按《周易本義·筮儀》述之。[70]

第一營：以右手取（五十策），其中一策反於櫝中，而以左右手中分四十九策，置之左右兩大刻。（即分成兩堆，謂之分。）

第二營：以左手取左刻之策執之，而以右手取右大刻之一策，掛於左手小指間。（即右手取右邊一策掛左手，象三才，謂之卦。）

第三營之左半：以右手四揲左手之策。（以揲四象四時，謂之揲。）

第四營之半：歸其所餘之策，或一、或二、或三、或四而扐之左手無名指間。（歸奇於扐掛十左手小指與無名指之間，象徵三年一閏。）

第三營之右半：以右手四揲右手之策。（以揲四象四時，謂之揲。）

第四營之右半：歸其所餘之策如前，而扐之左手的手指之間。（所謂再扐，將

70 見朱熹：《周易本義·筮儀》，頁348–349。

餘策掛于中指與食指之間，象徵五年二閏。）

四營一變所餘之策，左一則右必三，左二則右亦二，左三則右必一，左四則右亦四。通掛一策，不五則九，五以一其四而為奇，九以兩其四而為偶，奇者三而偶者一也。

再以兩手取左右大刻之蓍合之（或四十策或四十四策），復四營如第一變之儀，而置其掛扐之策于格上第二小刻，是為二變。（兩變所餘之策，左一則右必二，左二則右必一，左三則右必四，左四則右必三。通掛之一策，不四則八，四以一其四為奇，八以兩其四而為偶，奇偶各得四之二焉。）

又再取左右大刻蓍合之（成四十策，或三十六策，或三十二策。），復四營如第二變之儀，而置其掛扐之策于格上第三小刻，是為三變。（三變餘策與二變同）

三變既畢，乃視其三變所得挂扐過揲之策，而畫其爻于板。（挂扐之數，五、四為奇，九、八為偶，挂扐三奇，合十三策，則過揲三十六策而為老陽，其書為「□」，所謂重也。挂扐兩奇一偶合十七策，則過揲三十二策，而為少陰，其畫為「〃」，所謂拆也。挂扐兩偶一奇合二十一策，則過揲二十八策而為少陽，其畫為「⼂」，所謂單也。挂扐三偶合二十五策，則過揲二十四策而為老陰，其畫為「×」，所謂交也。）

如是每三變而成爻，（第一、第四、第七、第十、第十三、第十六，凡六變并同，但二變以下不命，而但用四十九蓍耳。第二、第五、第八、第十一、第十四、第十七，凡六變亦同。第三、第六、第九、第十二、第十五、第十八，凡六變亦同。）凡十有八變而成卦，乃考其卦之變，而占其事之吉凶。（卦變別有圖說，見《啟蒙．考變占》）

禮畢，韜蓍襲之以囊，人櫝回蓋，斂筆硯墨版，再焚香致敬而退。（如使人筮，則主人焚香，揖筮者而退。）

按《本義》的筮法，非常完整清楚，只要按圖索驥，即使初學者稍加指引亦能演算，有關太極、兩儀、三才、四時、置閏是後人附會。若欲簡化，可棄挂扐而從過揲之策，不須兩邊琢磨。即可得單、拆、交、重四象，此四象又直接影響了後世的金錢卦，例如《火珠林》。至於「卦變」，指的是出現「交、重」，即老陰和老陽兩個變爻，接下來詳細討論。

四、變占

「變占」關係著解卦的關鍵。古今變占之法有文獻記載，容易理解的有三種，其一春秋筮法變占，其二朱熹變占法，其三高亨變占法。試分述之：

(一)春秋筮法占變

1、靜卦：用卦辭或結合卦象分析。見《左傳》靜卦筮例二則。

(1)

成公十六年。晉楚遇於鄢陵，晉侯筮之。史曰：「吉」其卦遇復(䷗)曰：南國蹙，射其之王，中朔目，國蹙王傷，不敗何待？公從之，及戰，呂錡射其王，中目，楚師敗。[71]

按此例得吉的原因有三種，由卦辭亨，卦象地雷復一陽復始，陽氣居北，所以南方敗。貞為內震卦屬木剋悔為外卦屬土，故木剋土，綜合三因所以得吉。

71 〔晉〕杜預：〔注〕〔唐〕孔穎達：〔疏〕《春秋左傳》（台北：中文出版社，1971年9月影印，清嘉慶二十年阮元用文選樓藏宋刊《十三經注疏》本《卷28》），頁4161-4162。

（2）

僖公十五年。春伯伐晉，卜徒父筮之：「吉，涉河侯車敗。詰之。」對曰：「乃大吉也，三敗必獲晉君。」其卦遇蠱（䷑）曰：「千乘三去，三去之余，獲其雄狐。」夫狐蠱，必其君也。蠱之貞風也，其悔山也。歲云秋矣！我落其實，而取其材，所以克也。實落財亡，不敗何待，三敗及韓。[72]

按此例得吉的原因，綜其卦辭：元亨和互卦中的坎水震木，均對內卦（貞）☴木相生比旺，而來剋外卦（悔），這三因在當今是可以理解戰勝得吉的主因。

2、一爻變：大部分取變爻之辭，結合分析卦體、卦象與爻辭。見《左傳》一爻變筮例十一則，試舉二例。

（1）

莊公二十二年。陳厲公生敬仲，筮之遇觀（䷓）之否（䷋）曰：「是謂觀國之光，利用賓于王。此其代陳有國乎？不在此，其在異國，非此其身，在

72 同前註《卷14》），頁3916。

其子孫，光遠而自他有耀者也。坤，土也；巽，風也；乾，天也。風為大于土上，山也；有山之材，而照之以天光，於是乎君土上，故曰：『觀國之光利用賓于王。』」[73]

按此例是以六四爻辭為主，擴及到變卦和互卦之象，綜合論斷的結果，與現今之解說豐富許多。

（2）

昭公十二年。南蒯將叛季氏，枚筮之，遇坤（䷁）之比（䷇），曰：「黃裳，元吉。」以為大吉也，示子服惠伯曰：「師須有事，何如？」惠伯曰：「吾嘗學此矣，忠信之事則可，不然必敗。外彊內溫，忠也；和以率貞，信也。」故曰：「黃裳，元吉。」[74]

按此例之論斷是以《坤．六五》動爻為主軸，所不同者在於「黃裳元吉」的先決條件，必須合乎忠信為前提，似乎有訓誡的成份以昭警惕。

73 同前註《卷9》），頁3849。

74 同前註《卷45》），頁4478。

3、三爻變：用本卦與之卦卦象、卦辭進行推斷。《國語．周語》、《國語．晉語》三爻變筮例兩則。

（1）

晉孫談之子周，適周事單襄公有賢德。單公有疾，召頃公而告之曰：「必善晉周，其行也文，天地所祚，將得晉國。且吾聞成公之歸也，晉筮之，遇乾（䷀）之否（䷋）曰：『配而不終，君三出焉。』」[75]

按此三爻變例，為三世卦，子孫為君止於三代，是特殊的解卦由乾到否，乾為君，坤為臣，從卦象解出其意。

（2）

晉重耳筮得國，曰：「尚有晉國。」得貞屯悔豫，皆八也。筮史占之，皆曰：「不吉，閉而不通，爻無為也」。司空季子曰：「吉。是在《周易》皆利建侯，不有晉國以輔王室，安能建侯。我命筮曰：『尚有晉國』，筮告我曰：

75 徐元誥撰，王樹民、沈長雲點校：《國語集解．周語》（北京：中華書局，2002年），頁90。

『利建侯』，得國之務也，吉孰大焉。」[76]

按此例上下三爻變例，本卦與之卦均有「利建侯」與朱熹變占法相同，當是影響朱熹的變例。春秋筮法變占沒有二爻變四爻變六爻變的記載。

（二）朱熹變占法

靜卦：占本卦卦辭，而以內卦為貞，外卦為悔。

一爻變：則以本卦變爻辭占。如乾初爻：潛龍勿用。

二爻變：則以本卦二變爻辭占，仍以上爻為主。如坤卦動初六、六二，則以六二：直、方、大、不習無不利。占之。

三爻變：則占本卦及之卦卦辭，即以本卦為貞，之卦為悔。如前《國語．晉語》之例。

四爻變：則以之卦二不變爻占，仍以下爻為主。如坤之需，則以需六四：需于血，出自穴。

76 見徐元誥撰：《國語集解．晉語》，頁340–341。

五爻變：則以之卦不變之占。如坤之大有，則大有六五：厥孚，交如，威如，吉。占之。

六爻全變：乾卦用九：見群龍無首，吉。坤用六：利永貞。餘六十二卦則占之卦卦辭。以上見《易學啟蒙・考變占》。[77]

（三）高亨變占法

高亨認為《易繫辭傳上》所云：

「天一，地二；天三，地四；天五，地六；天七，地八；天九，地十。天數五，地數五，五位相得而各有合，天數二十有五，地數三十。凡天地之數五十有五，此所以成變化而行鬼神也。」

此即五十五數是為變卦而設立的，所以他得到下列的變占之法：每卦六爻，每爻或「九」或「八」或「七」或「六」，是謂四營，即不出於此四種營數也。每爻各有一種營數，六數之和，可稱之曰：「卦之營數」。如六爻皆「六」，其營數為

77 見朱熹：《易學啟蒙・考變占》，頁385–386。

三十六，此營數之最小者；如六爻皆「九」，其營數為五十四，此營數之最大者；如六爻皆「九」、「八」、「七」、「六」參差錯綜，其營數不出三十六與五十四之間；天地之數五十有五，此營數之最大者多一。古人之設此數，蓋有微意矣。

高亨以為欲定變卦，當以卦之營數（每卦六爻的總和，自36~54）與爻之序數（序數由1~18）湊足天地之數（55），其法於五十五內減去卦之營數，以其餘數自初爻上數，數至上爻，再自上爻下數，數至初爻，更自初爻上數，如此折回數之，至餘數盡時乃止，所止之爻，即宜變之爻也。[78] 茲制一詳表如次：（表3.3.4）

78　見高亨：《周易古經通說》，頁157–158。

表3.3.4 求宜變之爻方法表

天地之數	減號	卦之營數	等號	餘數	數法及其所止						宜變之爻
					初爻	二爻	三爻	四爻	五爻	六爻	
55	—	54	＝	1	1						初
55	—	53	＝	2	1	2					二
55	—	52	＝	3	1	2	3				三
55	—	51	＝	4	1	2	3	4			四
55	—	50	＝	5	1	2	3	4	5		五
55	—	49	＝	6	1	2	3	4	5	6	上
55	—	48	＝	7	1	2	3	4	5	6.7	上
55	—	47	＝	8	1	2	3	4	5.8	6.7	五
55		46	＝	9	1	2	3	4.9	5.8	6.7	四
55	—	45	＝	10	1	2	3.10	4.9	5.8	6.7	三
55	—	44	＝	11	1	2.11	3.10	4.9	5.8	6.7	二
55	—	43	＝	12	1.12	2.11	3.10	4.9	5.8	6.7	初
55	—	42	＝	13	1.12.13	2.11	3.10	4.9	5.8	6.7	初
55	—	41	＝	14	1.12.13.	2.11.14	3.10	4.9	5.8	6.7	二
55	—	40	＝	15	11.12.13.	2.11.14	3.10.15	4.9	5.8	6.7	三
55	—	39	＝	16	1.12.13.	2.11.14	3.10.15	4.9.16	5.8	6.7	四
55	—	38	＝	17	1.12.13.	2.11.14	3.10.15	4.9.16	5.8.17	6.7	五
55	—	37	＝	18	1.12.13.	2.11.14	3.10.15	4.9.16	5.8.17	6.7.18	上
55	—	36	＝	19	1.12.13.	2.11.14	3.10.15	4.9.16	5.8.17	6.7.18.19	上

按高亨之變占法，筮時所得之卦，謂之「本卦」，所變之卦，謂之「之卦」。四營之別，「九」、「六」為可變之爻，「七」、「八」為不變之爻。今分別述之：

靜卦：六爻皆七、八，是為不變之卦，以本卦卦辭占之。

1、一爻變：本卦有六或九之變爻。

（1）如此爻是為宜變之爻，主要以「本卦」變爻爻辭占之，如筮得八九八七七八井卦。其營數為四十七，自五十五減四十七餘八，依法數之，至五爻而八盡，故五爻為宜變之爻。以井九五：井洌，寒泉食。占之。

（2）如此爻非宜變之爻，主要以「本卦」卦辭占之。如筮得九八七八七七睽卦。其營數為四十六，自五十五減四十六餘九，依法數之，至四爻而九盡，故四爻為宜變之爻。四爻為「七」，不變是謂「遇睽之七」，主要以睽卦卦辭占之。曰：小事吉。

2、二爻變：本卦有九、六之一變爻。如一爻變之法占之。

3、三爻變：本卦有九、六之三變爻。

（1）此如爻適為宜變之爻。主要以本卦變爻為占。

（2）如三爻皆非宜變之爻。主要以「本卦」、「之卦」卦辭合占之。如前例《國語．晉語》所記重耳「筮得貞屯悔豫皆八」，即其例。

4、四爻變：本卦有九、六，四爻動。

（1）如其一爻為宜變之爻，主要以「本卦」變爻爻辭占之。

（2）如其四爻均非宜變之爻。主要以「之卦」卦辭占之。因其可變之爻多於不變之爻也。

5、五爻變：本卦有九、六，五爻動。如四爻變，法之。《左傳》襄公九年所注穆姜「筮遇艮之八，是謂艮之隨。」即此例。[79]

6、六爻變：本卦有六爻皆九、六。是為全變之卦，不須求宜變之爻，變六爻之「九」為「六」，「六」為「九」，而得「之卦」。主要以「之卦」卦辭占之。

79 〔晉〕杜預：〔注〕，〔唐〕孔穎達：〔疏〕：《春秋左傳》（台北：中文出版社，1971年9月影印，清嘉慶二十年阮元用文選樓藏宋刊《十三經注疏》本《卷30》），頁4212。

（1）遇乾之坤，主要以乾用九爻辭占之。遇坤之乾以坤用六占之。

（2）除乾坤兩卦之外，均以之卦之卦辭占之。

以上是高亨變占法，有其創新獨見之處；但稍嫌複雜，沒有朱熹的簡單明瞭。綜觀三種變占之法，依筆者的執業實務，根據不同的狀況，做出綜合的占斷比較實用，不須執著於任一占法。

綜合以上大衍之數的筮法構成要素，和兩派六宗暨近代對大衍之數的解讀，及大衍之數的實際操作，更清楚大衍之數的理論和實際操作，有其連貫性且具有相當的意涵；尤其筮儀更顯出天人感應之道教終極思想，即所謂心誠則靈，感而遂通天下之道。

「大衍之數」乃由下「感」於上，再由上「應」於下，通過筮儀的完整程序，再藉重《周易》經文諸家注疏，予以理解，適度轉化於日常生活實證中，此即為「大衍之數」之整體內涵。

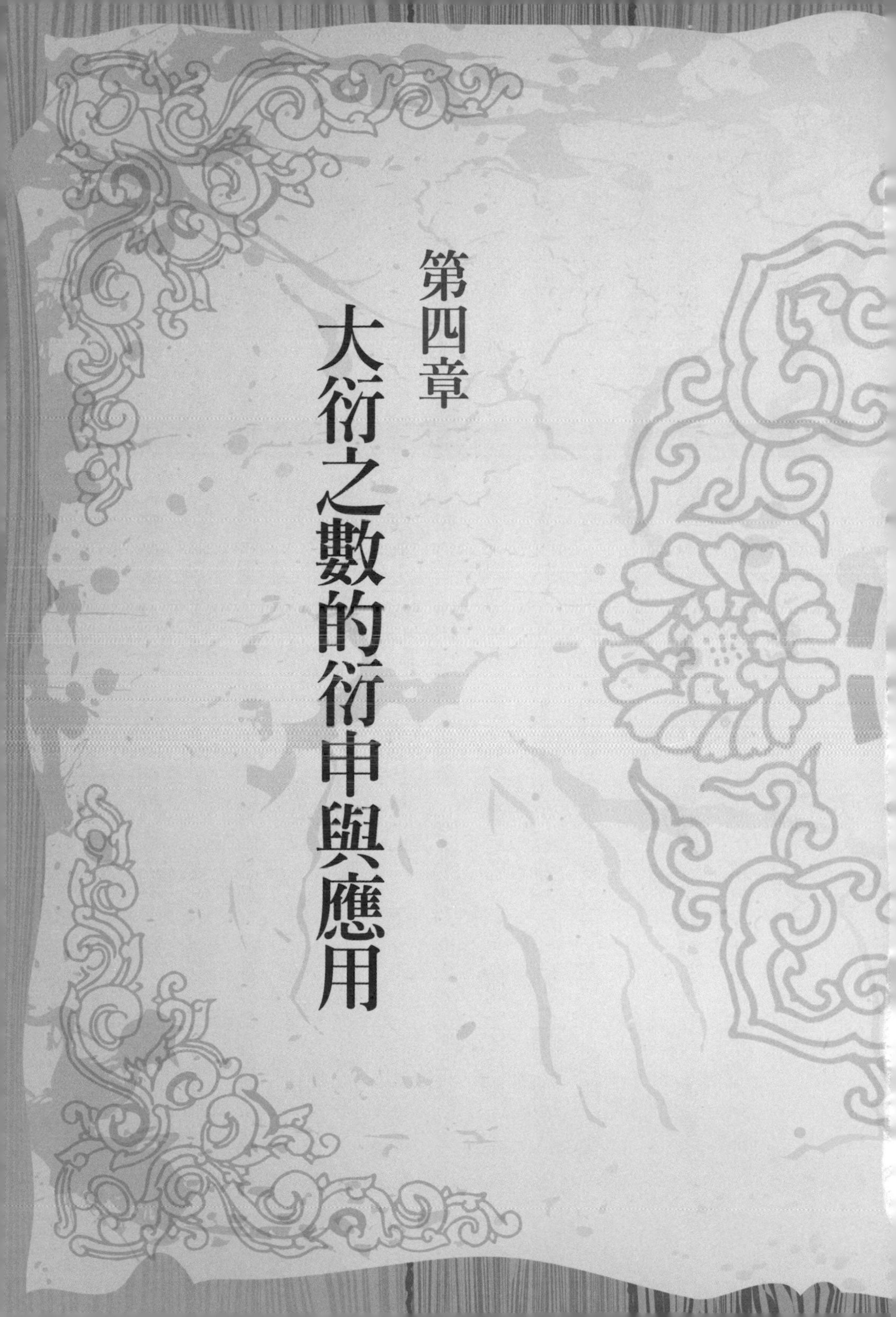

第四章 大衍之數的衍申與應用

「大衍之數」排列在《繫辭傳上》第九章，它蘊含天地之數、筮法、萬物之數以及成卦法，並隱約提示變占的重要性。（子曰：「知變化之道者其知神之所為乎。」）第十章接著說：「易有聖人之道四焉，以言者尚其辭，以動者尚其變，以制器者尚其象，以卜筮者尚其占。」起卦容易，占斷艱難，非天下之至精，非天下之至變，非天下之至神，實難精確論斷，唯能深入研究，唯知先幾，唯能神妙，才能具備聖人之道。因此，尚秉和在《周易古筮考》序曰：「蓋《易》之用代有闡明，而其別有三：伏羲以來察象，周用辭而兼重象，至兩漢乃推本辭象而益以五行，五行明而筮道乃大備矣。是以漢之焦、京，魏、晉之管、郭，唐之李淳風，宋之邵堯夫，夫筮法之神奇有非春秋太史所能望見者，則以春秋太史局于辭，後之人能兼用五行也。」[1] 對占斷而言，這一段話很明顯地宣示，繫辭以明吉凶，已無法應對世事之叢脞，先賢均佐以五行，使臻完備。

「大衍之數」的衍申與應用，今就其先後分成五個部分來解說，其一，孟喜之卦氣說，其二，京房之八宮卦，其三，大衍之數與占驗，其四，大衍之數與丹道的

1 〔清〕尚秉和著《周易尚氏學・周易古筮考序》，（北京：九州出版社，2005年1月），頁443。

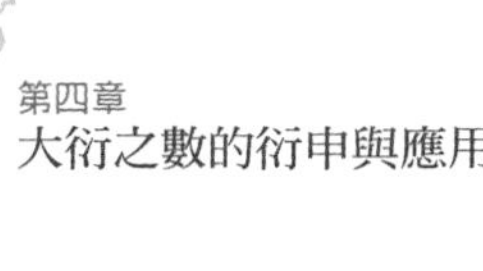

關係，其五，現代生活之應用。茲分述其與「大衍之數」的關係如下：

第一節 大衍之數與孟喜之卦氣說

《漢書．藝文志》云：「易道深矣，人更三聖，世歷三古。及秦燔書，而《易》為筮卜之書，傳者不絕。漢興田何傳之。訖于宣、元，有施、孟、梁丘、京氏列於學官，而民間有費、高二家之說。」[2] 按以上之傳承當以孟喜和京房對《易》學之象數影響流傳深遠，孟喜應用四正卦（坎、離、震、兌）以示四時之二十四節氣，再將餘六十卦，乘以六日七分，佐以物候，以解說陰陽災異，占驗人事吉凶。茲就孟喜卦氣之緣起和卦氣之配置以及六十四卦之安排等三部分分述之：

一、孟喜卦氣說之緣起

（一）「大衍之數」的乾坤策數總和

2 見《漢書．藝文志》，頁1704。

《繫辭傳・上》云：「……乾之策二百一十有六；坤之策百四十有四。凡三百有六十當期之日……。」張理在《易象圖說》云：「乾之策以老陽之數三十六乘以六爻之數，則為二百一十有六；坤之策，以老陰之數二十四乘以六爻之數，則為百四十有四，合之凡三百有六十，當期之日者。周十二月為一期，以朔言之則三百五十有四日，以氣言之則三百六十五日四分日之一，舉氣盈朔虛之中者言之，故曰三百六十有也。」[3] 按張理之說乾坤策之數三百有六十，合一年十二個月之約數，農曆年為三百五十四天，新曆年為三百六十五又四分之一天，兩者相合取其半，故約三百六十天。

「大衍之數」在《繫辭傳上》第九章依朱熹《周易本義》之文本，分成四個部分，首言天地之數，次言大衍之數，其次言當期之數（三百六十）以及萬物之數，最後論其成卦之法與變占。因此孟喜之卦氣說，當取其「大衍之數」的乾坤策數總和，而用其如張理所說以氣言之則三百六十五日又四分之一作為一年分值物候之基數。

3 見《易象圖說・內篇・卷下》，頁404。

（二）「大衍之數」的營數總和

大衍之數四營之數為六、七、八、九，此四數為成卦之依據，亦為變卦主宰。按《周易》當以六、九為變占，故乾用九、坤用六。

《唐書・卷二十七上・卦議》曰：「據孟氏，自冬至初，中孚用事，一月之策，九六、七八，是為三十。而卦以地六，候以天五，五六相乘，消息一變，十有二變而歲復初。」[4]

按唐・僧一行《卦議》說：孟喜一月的策數三十乃取自「大衍之數」的四個營數（六、七、八、九）之和。一月六候，一候五天剛好三十天。隨著十二消息卦循環一周為一年的周期數。因此孟喜的卦氣說當與「大衍之數」的分、掛、揲、扐所得四營之數相關。

4 〔宋〕歐陽修，宋祁撰：《新唐書・二十七卷》，楊家駱主編《中國學術類編》，（台北市：鼎文書局），頁599。

二、孟喜卦氣之配置

（一）四正卦分值二十四節氣

首先將後天四正卦虛出於六十四卦，此與「大衍之數五十，其用四十有九」如出一轍。然後將四正卦共二十四爻代入二十四節氣，有如「大衍之數」的三歲一閏，五年再閏形同曆法。四正卦的曆法配置有如四象（老陰坎水六、少陽震木七、老陽離火九、少陰兌金八）依序為坎卦初六值冬至、九二值小寒、六三值大寒、六四值立春、九五值雨水、上六值驚蟄；震卦初九值春分、六二值清明、六三值穀雨、九四值立夏、六五值小滿、上六值芒種；離卦初九值夏至、六二值小暑、九三值大暑、九四值立秋、六五值處暑、上九值白露；兌卦初九值秋分、九二值寒露、九三值霜降、九四值立冬、九五值小雪、上六值大雪。週而復始依序循環生生不息。這就是繫辭傳所謂的：「天地之大德曰生，聖人之大寶曰位」。將四正卦二十四爻定位依序循環，使成其變化，以前民用。

（二）十二辟卦分值月中

在《周易》的六十四卦象中，最能顯現出有規律的循環系統當屬包括乾、坤兩卦之十二辟卦，孟喜視之為主卦，其餘則視之為雜卦，因此十二辟卦當處在月令的交接點。

十二辟卦分別為：《復》卦，一陽生（代表陽氣初生）建子配十一月；《臨》卦，二陽生建丑配十二月；《泰》卦，三陽生，建寅配正月；《大壯》卦，四陽生，建卯配二月；《夬》卦，五陽生，建辰配三月；《乾》卦，六陽生，建巳配四月；陽極陰生，《姤》卦，一陰生，建午配五月；《遯》卦，二陰生，建未配六月；《否》卦，三陰生，建申配七月；《觀》卦，四陰生，建酉配八月；《剝》卦，五陰生，建戌配九月；《坤》卦，六陰生，建亥配十月。從這十二辟卦有條不紊的排列，它正象徵著陰陽兩氣遞相消息的變化過程，而與一年十二月的氣候特徵相當契合，猶如「大衍之數」運用陰陽（剛柔）的變化而得出卦象，示人以吉凶，做為進退之依據。

（三）六十卦分值公、辟、侯、大夫、卿五等名稱

在「卦氣」說以六十卦配月值日的體系中，每五卦共值一月，分別配以公、辟、侯、大夫、卿的名稱，反復循環。如《中孚》為公，《復》為辟，《屯》為侯，《謙》為大夫，《睽》為卿；《升》又為公，《臨》為辟，《小過》為侯，《蒙》為大夫，《益》為卿，如是週而復始，配於六十卦以相從十二月二十四節氣七十二候的順序流行衍變，即所謂的生生之謂易。

六十卦配七十二候（分初候、次候、末候各值二十四候），這之間有十二差數，分別被安排在月令交節、氣之交接處，一卦居末候，又居初候依次《屯》、《小過》、《需》、《豫》、《旅》、《大有》、《鼎》、《恆》、《巽》、《歸妹》、《艮》、《未濟》等十二卦，陰陽各三十六爻。所以孟喜將之定為「候」卦之由來。又巧妙安排上經四卦（屯、需、豫、大有），下經八卦（小過、旅、鼎、恆、巽、歸妹、艮、未濟），有如四時八節。

（四）六十卦分值六日七分

孟喜卦氣說的基本原則，是取六十四卦中的《坎》、《離》、《震》、《兌》為四正卦，主四季，餘六十卦配周年三百六十五日四分日之一，故每卦值六日七分。計算如下：將365又1/4日除以60，商數為6又7/80日，即六十卦中的每卦相當於六日又八十分之七日，這就是「六日七分」的由來。

每卦值六日七分，約等於每一爻值一日，猶如農民曆的宜與不宜之行事參考，也就是見吉，諸事皆宜；現凶，諸事不宜。所以「六日七分」所代表的涵義，後世引伸之更精細的農民曆的一種延伸與應用。

以上孟喜卦氣說之配置內容引用黃宗羲收入《易學象數論》六日七分圖。[5]

5 見黃宗羲：《易學象數論》，頁53–60。

三、孟喜六十卦之排列組合

（一）初候、次候、末候與六十卦之關係

初候：含十二公卦與十二侯卦，一公一侯入卦依京房八宮卦序為《中孚》、《屯》、《升》、《小過》、《漸》、《需》、《解》、《豫》、《革》、《旅》、《小畜》、《大有》、《咸》、《鼎》、《履》、《恆》、《損》、《巽》、《賁》、《歸妹》、《困》、《艮》、《大過》、《未濟》等二十四卦合二十四初候。

次候：含十二辟卦與十二大夫，一辟卦一大夫入卦依序為《復》、《謙》、《臨》、《蒙》、《泰》、《隨》、《大壯》、《訟》、《夬》、《師》、《乾》、《家人》、《姤》、《豐》、《遯》、《節》、《否》、《萃》、《觀》、《無妄》、《剝》、《既濟》、《坤》、《蹇》等二十四卦合二十四中候。

末候：含十二侯卦與十二卿卦，一侯一卿入卦依序為《屯》、《睽》、《小過》、《益》、《需》、《晉》、《豫》、《蠱》、《旅》、《比》、《大有》、

《井》、《鼎》、《渙》、《恆》、《同人》、《巽》、《大畜》、《歸妹》、《明夷》、《艮》、《噬嗑》、《未濟》、《頤》等二十四卦合二十四末候。

以上初、次、末三候，其中十一卦扮演候的卦重複一次，故能成一月六候，一候五天，有如公、辟、侯、大夫、卿五等。侯居五等之中，所以「侯」在初候時與「公」輪值，在末候時與「卿」輪值。此與大衍之數五十其用四十有九，而一不用，其實是大有作用，有如「候」之大用。此「候」有如太極是生兩儀，兩儀生四象。

（二）建候干支與六十卦的關係

建候地支居世位計有十三卦，依京房八宮卦序為《姤》初六庚午、《剝》六五甲戌、《晉》九四己卯、《節》初九中中、《履》九五乙未、《中孚》六四庚子、《無妄》九四庚戌、《噬嗑》六五辛亥、《蹇》六四甲子、《謙》六五乙丑等十三卦，視其建候地支合其世爻，可以逆推孟喜之卦氣說當以干支五行有相當的密切關係。

建候地支非居世位計有三十卦，依序為《乾》九五己巳、《大有》初九壬午、

《豫》九四庚辰、《解》六三己卯、《恆》九三甲申、《井》上六壬午、《大過》九五丁亥、《屯》上六己丑、《既濟》六四丁亥、《革》九三壬辰、《明夷》九三戊戌、《師》六四癸巳、《大畜》初九丁酉、《損》上九丙申、《漸》上九壬寅、《坤》六五己亥、《復》上六庚子、《臨》初九辛丑、《泰》九二壬寅、《大壯》九三癸卯、《夬》九四甲辰、《比》九五乙巳、《巽》九三己酉、《益》六二甲寅、《蠱》六四丙辰、《未濟》九四壬子、《蒙》上九甲寅、《同人》上九庚申、《困》九二壬戌、《歸妹》九二甲戌等三十卦。

建候地支未出現計有十七卦，依京房八宮卦序為《升》丑月、《隨》卯月、《豐》未月、《艮》亥月、《賁》戌月、《睽》丑月、《需》卯月、《小畜》巳月、《家人》午月、《頤》子月、《旅》巳月、《鼎》未月、《渙》未月、《訟》辰月、《萃》酉月、《咸》午月、《小過》寅月等十七卦。

以上資料採自《京房易傳》與《京氏易傳箋卷三》，綜合整理出來的結果，可以肯定的是孟喜所選用的材料，與京房八宮六十四卦世魂積算表有關。[6] 所以可以推

6 見徐昂：《京氏易傳箋卷三》，頁267–272。

斷，孟喜的卦氣說當承自「大衍之數」三年一閏，五年再閏的曆法概念，配以十二消息卦，導出納辰、建候積算。雖然無法完全理解孟喜的排列組合，但可以確定的是他與《繫辭傳下》所云：易之為書也，為道也屢遷，變動不居。因此它的排列組合部份是不規則的。相較於《雜卦傳》之排列亦有相似的現象。京房或據以創出八宮卦，為後世所繼承而發揚光大，此謂為延伸與應用之妙也。

大衍之數與京房八宮卦

京房易乃源於孟喜，可考而原也。如唐一衍六卦議曰：「十二月卦，出於孟氏章句。其說易本於氣，而後以人事明之，京氏又以卦爻配期，坎離震兌，其用事自分至之，皆得八十分日之七十三，頤、晉、井、大畜，皆五日十四分，餘皆六日七分，止於占災眚與吉凶善敗之事。」[7] 由此段話得知京房乃源於孟喜之卦氣而一變為人事之用，又將六日七分之於六十卦中，變成三種不同日分於六十四卦之中，再融入天災人禍以及吉善凶敗之事，可謂通其變遂成天地之文。

京房與大衍之數之關係，考其源於《京氏易傳・下》云：「夫易者象也，爻者效也。聖人所以仰觀俯察象天地日月星辰草木，萬物順之則和，逆之則亂。夫細不可窮深不可極，故揲蓍布爻用之於下。筮分六十四卦配三百八十四爻，萬一千五百二十策，定萬事萬物之情狀，故吉凶之氣順六爻上下次之，八九六七之數

7 〔宋〕歐陽修，宋祁撰：《新唐書・二十七卷》，楊家駱主編：《中國學術類編》，（台北市：鼎文書局），頁599。

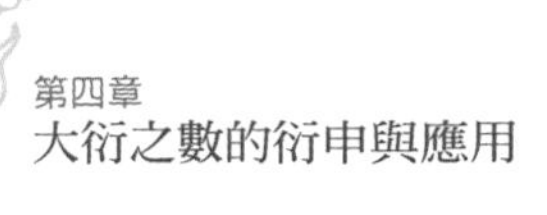

內外承乘之象，故曰兼三才而兩之……四營而成易，十有八變而成卦，卦象定吉凶明得失，降五行……。」[8]此段話清楚地說明，聖人設卦觀象，繫辭焉定吉凶，剛柔相推而生變化的道理，應用於「大衍之數」京房承襲之後又配以五行、納甲等增其內容，使後世更進一步的理會，所以創出了京房八宮卦，本文重點在於八宮卦的配置與其應用。

一、京房八宮卦配置

（一）造八宮卦序以闡發易理

京房將六十四卦，配置成八宮卦序，乾、震、坎、艮、坤、巽、離、兌。應對乾道成男，坤道成女，乾知太始，坤作成物，乾以易知，坤以簡能之態，按天尊地卑而定其順序之位。

8 〔漢〕京房撰：《京氏易傳・下》，收入《欽定四庫術數全集》第十八冊，（逸群圖書），頁465。

乾為天，為父，五行屬金。震為雷，為長子，五行屬木。坎為水，為中男，五行屬水。艮為山，為少男，五行屬土。坤為地，為母，五行屬土。巽為風，為長女，五行屬木。離為火，為中女，五行屬火。兌為澤，為少女，五行屬金。（以上見《說卦傳》）

（二）明納甲、世應、遊歸、飛伏之理

京房說：分天地乾坤之象益之以甲乙壬癸（乾坤二分為天地陰陽之本，故分甲乙壬癸陰陽之始終）；震巽之象配庚辛（庚陽入震，辛陰入巽）；坎離之象配戊己（戊陽入坎，己陰入離）；艮兌之象配丙丁（丙陽入艮，丁陰入兌）。[9]這一段話將十天干納入八卦也就是，乾納甲壬（乾金內甲子外壬午），坤納乙癸（坤土內乙未外癸丑），震納甲（震木內庚子外庚午），巽納辛（巽木內辛丑外辛未），坎納戊（坎水內戊寅外戊申），離納己（離火內己卯外己酉），艮納丙（艮土內丙辰外丙戌），兌納丁（兌金內丁巳外丁亥）。陽干支配陽卦由初爻順行至上爻，陰干支配

9 〔漢〕京房撰：《京氏易傳．下》，收入《欽定四庫術數全集》第十八冊，（逸群圖書），頁466。

陰卦由初爻逆行至上爻。

魏伯陽《周易參同契》卷上云：「三日出為爽，庚震受西方，八日兌受丁，上弦如繩，十五乾體就，盛滿東方，十六轉受統巽辛見平明，艮直於丙南，下弦二十三，坤乙三十日東北喪朋，壬癸配甲乙，乾坤括始終。」[10]這一段話是運用月亮的晦朔弦望四象的實際狀況，做為納甲的依據，它被應用於丹道的修煉，可見納甲與氣的運行是息息相關，在休咎之上即為運，故四時運行與氣相合即能推出吉凶。

《京氏易傳》引孔子的話：「易有四易，一世二世為地易，三世四世為人易，五世六世為天易，遊魂歸魂為鬼易。八卦鬼為繫爻，財為制爻，天地為義爻（天地即父母），福德為寶爻（福德即子孫），同氣為專爻（兄弟爻也）。」[11]這一段話就是將乾、震、坎、艮、坤、巽、離、兌等八宮配以世位分別為本宮世居上，初爻變世居初，兩爻變世居二，三爻變世居三，四爻變世居四，五爻變世居五，遊魂四六不變餘皆變世居四，歸魂只變第五爻餘皆不變世居三。又本宮五行與納辰得出官鬼

10 長生陰真人註：《周易參同契卷上》，收入《正統道藏》第三十四冊，太玄部，映字號，頁163–164。

11 〔漢〕京房撰：《京氏易傳・下》，收入《欽定四庫術數全集》第十八冊，（逸群圖書），頁466。

爻，財爻，父母爻、子孫爻、兄弟爻等親屬關係，類推至萬事萬物而定吉凶。

晁氏公武曰：「大抵辨三易、運五行、正四時，謹二十四氣、志七十二候，而位五星、降二十八宿。其進退以幾也，而為一卦之主者，謂之『世』；奇耦相與，據一以起二，而為主之相者，謂之『應』，『世』之所應而陰陽之肆者謂之『飛』，陰陽肇乎所配（乾與坤，震與巽，坎與離，艮與兌）而終不脫乎本（以飛某位之卦乃伏某宮之位），以隱顯佐神明者謂之『伏』，起乎世而周乎內外。」[12]這一段話在申明世、應、飛、伏之說，以世為一卦之主的納甲干支五行與建候、積算、五星、二十八宿、五行為生剋，對應出吉或凶，又以世爻所居之宮位做飛伏，如乾飛伏坤，代表「一陰一陽之謂道，顯諸仁，藏諸用」的特色。若用在爻辭上而言即（乾）之（姤），必須兼看乾初九為飛，姤初六為伏，陰陽互動，經實際體驗確有其道理在。如陳炳元在《奇門易數》之占斷實例研究[13]亦作如是觀。試舉（乾

12 同前註，頁468。

13 陳炳元著：《奇門易數》（台北市：周琴發行，1983年5月），頁423–446。

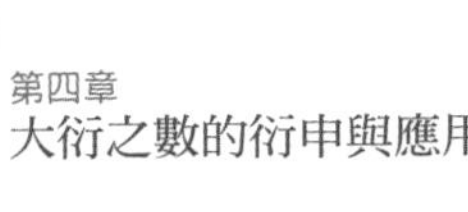

宮）京傳陸注飛伏異同表[14]：

表4.2.1 京傳陸注飛伏異同表

八宮六十四卦	京傳飛伏	陸注飛伏	徐昂箋注
乾宮	坤	癸酉金	坤上六
姤（一世）	巽	甲子水	乾初九
遯（二世）	艮	甲寅木	乾九二
否（三世）	坤	甲辰土	乾九三
觀（四世）	巽	壬午火	乾九四
剝（五世）	艮	壬申金	乾九五
晉（遊魂）	艮	丙戌土	艮六四
大有（歸魂）	坤	乙卯木	坤六三

此表示八宮六十四卦舉乾宮八卦為例之京傳飛伏、陸績注飛伏、徐昂箋注飛伏。三者由抽象對應卦到生剋對應干支，最後到卦爻具體，三階段解開了飛伏之迷思。筆者由三者綜合出一個更具體的觀點，即表徐昂箋注（晉）（遊魂）伏（艮）六四，當（剝）六四較為合理。每宮的遊魂歸魂倣此改進才不致有重疊之矛盾處。試舉一例來分析比較之：

14 見徐昂：《京氏易傳箋卷三》，頁255。

〈晉〉乾宮遊魂京傳與艮飛伏，由〈剝〉五世卦而來，單從伏〈艮〉很難去意會其旨。又陸注飛伏，丙戌土是源自納甲納辰，進一步與〈晉〉世位之己酉干支做生剋之對應，昂箋注〈艮六四〉是專指〈艮〉六四爻，爻辰配丙戌土，其實配〈剝〉六四之爻辭更為貼切。若卜到此卦用飛伏之占斷法，均呈現出不吉之象。[15]

二、八宮卦的特點

（一）八宮卦的特點

八宮卦很巧妙的將六十四卦完美的重新排列（每一宮有十六變，形成一循環，精密擇出八卦）佈世應，降五行、頒六位、節四時、辨飛伏、入五星（由〈乾〉依序鎮土星、太白金星、太陰水星、歲木星、熒惑火星）、二十八星宿值位（首乾依序為參、井、鬼、柳、星、張、翼、軫、角、亢、氐、房、心、尾、箕、斗、牛、

15 〈晉〉九四爻：晉如鼫鼠，貞厲。（為飛）；〈剝〉六四爻：剝床以膚，凶。（為伏）。飛伏俱不利，故諸事不宜。

女、虛、危、室、壁、奎、婁、胃、昴、畢、觜。）建候、積算等轉換成五行，來與世位之五行做對應以論吉凶。試舉一例以供參考：

（大有）卦復本宮曰內象見乾是本位（八卦本從乾宮起至大有為歸魂），純金用事與坤為飛伏（甲辰土伏乙卯木）三公臨世應上九為宗廟建戊寅至癸未（立春正月至大暑時也），積算起癸未土至壬午火週而復始（吉凶與乾卦同用），五星從位起太陰（太陰水星入卦用事），軫宿從位降甲辰（二十八宿分軫星入大有卦用事行度吉凶可見），金土分象，三十六候配陰陽升降，六位相盪返復其道（復歸本位也）。[16]

這一個例子取自乾宮歸魂之（大有）卦，卦體本宮屬金，由離火與乾金兩象組成，與坤土飛伏，五行相剋，世居宗廟應三宮（源於易緯初爻元士、二爻大夫、三爻三公、四爻諸侯、五爻天子、上爻宗廟），建候戊寅為陽干支，所以陽配三十六候，積算癸未土至壬午火與世應辰土巳火同行，五星太陰屬水，軫宿從位（南方朱雀屬火）降甲辰，火土相生。由此推天道而明人事，可謂是天人感應，依重五行做多層次的搭配，非超凡入聖，實難權用。

16 〔漢〕京房撰：《京氏易傳・下》，收入《欽定四庫術數全集》第十八冊，（逸群圖書），頁444。

（一）八宮卦的缺失

八宮卦的飛伏除非是抽象的陰陽概念，不然本宮卦與歸魂卦如何不同「飛」而同「伏」。試舉（乾）卦為例，若從世位而言，飛（乾）上九：亢龍有悔；伏（坤）上六：龍戰于野其血玄黃。（飛伏意義差不多）又（大有）乾宮歸魂卦，世在九三：公用享于天子，小人弗克。若與坤做飛伏，似乎不配，何況卦有六十四卦，其餘五十六卦便不做飛伏了。

八宮六十四卦建候呈不規則之變化實難以捉摸，或者是尚在實驗中不得而知。

試舉三例以供參考：

乾宮：（乾）建甲子、（姤）庚午、（遯）辛未、（否）壬申、（觀）癸酉、（剝）甲戌、（晉）己卯、（大有）戊寅。

震宮：（震）建丙子、（豫）丁丑、（解）戊寅、（恆）己卯、（升）庚辰、（井）辛巳、（大過）丙戌、（隨）乙酉。

坎宮：（坎）建戊寅、（節）甲申、（屯）乙酉、（既濟）丙戌、（革）丁亥、（豐）戊子、（明夷）癸巳、（師）壬辰。

此三例從《京氏易傳．卷上》整理出來，建候陰陽升降之不同處，（乾）與（坎）同與（震）不同。（乾）與（坎）均出建候起六位到（姤）與（節），而（震）由建丙子到（豫）丁丑。除此之外尚有諸多盲點有待突破。

三、八宮卦「繼善成性」之處

八宮卦之精髓在世應、飛伏、五行、六親，是後世占驗學家承襲不可或缺之源頭。誠如〈益．彖〉云：「凡益之道，與時偕行。」凡有益於占驗之道，可趨時而調適，使易道更能暢行。

八宮卦的世應、遊魂歸魂說，是非常完善的配置，《繫辭傳上》有云：「遊魂為變，是故知鬼神之情狀。」

八宮卦的飛伏，周延性確有不足，所以後世諸賢不以乾坤互為飛伏，而改以本宮和世卦空缺五行，直接做飛伏既簡單又實際，此為「易簡之善配至德。」

八宮卦的五行，有本宮卦五行，納爻辰五行，以本宮卦五行為體，以所納爻辰為用。

《白虎通疏證卷四》云：「五行所以更王者何？以其轉相生，故有終始也。木生火，火生土，土生金，金生水，水生木。是以木王，火相，土死，金囚，水休。王所勝者死，囚，故王者休。……五行所以相害者，天地之性，眾勝寡，故水勝火也。精勝堅，故火勝金。剛勝柔，故金勝木。專勝散，故木勝土。實勝虛，故土勝水也。」[17]此段話在說明五行之相生相剋的道理，與其在四時各扮演的角色，運用在八宮卦可以得出六親以及世應之休咎。

八宮卦配六親，《京氏易傳卷上．乾卦》云：「水配位為福德（甲子水是乾之子孫），木入金鄉居寶貝（甲寅木是乾之財），土臨內象為父母（甲辰土是乾之父母），火來巳上嫌相敵（壬午火是乾之官鬼），金入金鄉木漸微（壬申金同為專氣兄弟傷木），宗廟上建戌乾亥乾本位（戌亥乾之位），陽極陰生八卦例諸。」[18]此段話做為六十四卦諸例以本宮為主和爻辰之對應，利用五行之生克制化原理，推出六

17 〔清〕陳立撰，吳則虞點校：《白虎通疏證上》，（北京：中華書局，1994年8月）頁187–188。

18 見京房撰《京氏易傳．上》，頁441。

親，即本公所生為子孫，同氣為兄弟，剋者為妻財，受剋為官鬼，生本宮為父母。在，《京氏易傳》三卷並未言明作用，亦無體例，但後世據以為範本而大行其道。

大衍之數由數來生象而成卦，分陰陽老少動靜而占斷，繫辭焉而定吉凶。八宮卦是法取自大衍之數而占斷取自天象（氣候、五星、二十八星宿）為用，八宮世位為體，又雜以六親、飛伏，極盡所能用五行的相生相剋，來取代《周易》卦爻辭之吉凶悔吝厲無咎，殊不知巧妙各自不同，真金不怕火煉，所謂易簡而天下之理得，天下之理得，則而成位乎其中也。就是說合乎中道簡易的才能流行於世，因此「大衍之數」的筮法至今乃被接受而廣泛用之。八宮卦的世應、遊歸、六親被繼承而發揚光大，飛伏說則被改良而用之，餘則被棄之而省略。承京房八宮卦之餘法，即世所傳之「火珠林」，以三錢代之，取卦更簡易，為卜筮之便更加流行。

大衍之數與占驗

大衍之數所沿襲下來的相關占驗，當首推火珠林法以及梅花易數。前者屬制式化，後者屬靈活化，限於篇幅而且並非本文主題故概述如下：

一、「火珠林」與「大衍之數」的關係

火珠林法乃承襲漢．京房而來，《京氏易傳》提要云：「上卷中卷以八卦分八宮，每宮一純卦統七變卦而註其世應、飛伏、遊魂、歸魂諸例，下卷首論聖人作易揲蓍布卦次論納甲法，次論二十四氣候配卦與夫天地人鬼四易，父母、兄弟、妻子、官鬼等爻，龍德虎刑天官地官與五行生死所寓類，蓋後來錢卜之法，實出於此，故項安世謂以京易考之，世所傳火珠林，即其遺法。」[19]這一段話在說明火珠林承襲其內容的大概其法大約底定於唐代，將探討其用金錢卦代替「大衍之數」的筮法，如何化繁為簡，而解卦又如何由簡入繁，由五行取代卦爻辭，茲分述之：

19 見《京氏易傳．提要》，收入《欽定四庫全書》子部七，《京氏易傳》術數類四，頁440。

據《朱子語類》云：「今人以三錢當揲蓍，不能極其變，此只是以納甲附六爻。納甲乃漢．焦贛、京房之學。火珠林猶是漢人遺法。」[20] 又曰：「卜易卦以錢擲，以甲子起卦，始於京房。」[21]

由以上得知「火珠林」法是沿京房、焦贛之遺法，是用三枚金錢取代49根蓍草，其原旨初衷在於簡化筮法流程，縮短時間，至於論斷亦承襲京房之納甲法。

又《儀禮．士冠禮》云：「案《易》筮法用四十九蓍，「分之為二以象兩，卦一以象三，揲之以四以象四時，歸奇于扐以象閏。」，「十有八變而成卦」是也。云「所卦者，所以畫地記爻」者，筮法，依七、八、九、六之爻而記之，但古用木畫地，今則用錢。以三少為重錢，重錢則九也。三多為交錢，交錢則六也。兩多一少為單錢，單錢則七也。兩少一多為拆錢，拆錢則八也。」[22]

由以上得之金錢卦乃由「大衍之數」的營數九、六、七、八簡化成重、交、

---

20 見《朱子語類．卷第六十六》，頁1638。

21 見《朱子語類．卷第六十六》，頁1640。

22 〔漢〕鄭玄注，〔唐〕賈公彥疏：《儀禮注疏》收入李學勤主編：《十三經注疏》，（北京：北京大學，1999年12月），頁9。

單、拆。亦即四營一變，三變一爻（九、六、七、八），用金錢卦一擲（重、交、單、拆）的簡化過程。不過「大衍之數」有其深層的意涵，「金錢卦」（火珠林）則只有求卦的功能，兩者殊途而同歸。

以三少為重錢，即筮法的歸奇于扐，得五、四、四。三營均是少數，按筮法用四十九蓍減去三少（十三）得三十六（四乘九），為老陽之數記九，畫○（讀重）為當變之爻。

以三多為交錢，即筮法的歸奇于扐，得九、八、八。三營均是多數，按筮法用四十九蓍減去三多（二十五）得二十四（四乘六），為老陰之數記六，畫╳（讀交）為當變之爻。

以兩多一少為單錢，即筮法的歸奇于扐，得九、八、四或九、四、八或五、八、八。三營為二多一少，按筮法用四十九蓍減去二多一少（二十一）得二十八（四乘七），為少陽之數記七，畫「＼」（讀單）為不變之爻。

以兩少一多為拆錢，即筮法的歸奇于扐，得九、四、四或五、八、四或五、四、八。三營為二少一多，按筮法用四十九蓍減去二少一多（十七）得三十二（四乘八），為少陰之數記八，畫「〃」（讀拆）為不變之爻。

以上四象之簡化，証明「大衍之數」與「火珠林」的關係是化繁為簡，求卦的原則均是偶然性，至於應用於占斷則大不同。

「火珠林」法的應用按《火珠林．序》云：「易以卜筮尚其占，該括萬變神矣！妙矣！繼自四聖人後，易卜以錢代蓍法，後天八宮卦變以致用，實補前人遺缺。是二端，見《京房易傳》，未詳始自何人？先賢云：後天八卦變六十四卦，即火珠林法，則是書當為錢卜所宗仰也，特辨衍支分，人爭著述，炫其標異，原旨反晦。今得麻衣道者鈔本，反覆詳究。其論六親、財官輔助合世應、日月、飛伏、動靜、竝克害、刑合、墓旺、空沖以定斷與時傳易卜同中有異，古法可叅如所云：卦定根源六親為主，爻究旁通，五行可取。即京君明海底眼不離元宮五向推之旨也，又云：惟以財官伏五鄉而定吉凶，以世卜伏爻為的，即郭景純飛伏神以世爻為準，卦卦宜詳審之訣也。」[23]

23 劉永明主編：《增補四庫未收術數類古籍大全》第三集《易占集成》，第一冊《火珠林．序》，（江蘇：廣陵古籍刻印社），頁2。

按火珠林序言，火珠林法的應用不外乎以錢代蓍和麻衣道者鈔本所立的名目有三十三個主題依序為卦中明義、六親根源、財官輔助、世應相剋、公私用事、出現伏藏、占財伏兄、財伏父子、占鬼伏兄、占鬼伏財、官伏父母、官伏子孫、官鬼伏官、出現重迭、子孫獨發、父母獨發、官鬼獨發、妻財獨發、占身命、占形性、占天時、占天道晴雨、占射覆、覆射物色、占來情、達人事、占姓字、占法卦數、易道心性、邵堯夫詩。其中特別提到海底眼六親根源與郭景純飛伏神，顯示其重要性，今限於篇幅僅討論以錢代筮法，其餘待以後再做深入研究。

以錢代筮法按《斷易天機》云：「按洪範曰：龜從筮從是知二者，學者不可偏廢其法以周適錢三隻擲以成卦爻者執龜祝之曰：伏以易前民用卦合神明顯若有孚，仰叩先天之肇教感而通遂撥開後進之迷途敬執爐香懇聞上帝。伏羲、大禹、文王、周公、孔子五大聖人。……列位聖賢，凡有翼吾易者共降虛齊，六丁六甲神將，年月日時，四直功曹，排卦童子，成卦童郎，虛空有感一切聖賢，本境英烈神祇里社正里，本家奉事壇香火，土地福德明神，聞此寶香願賜降臨。今遇太歲某年某月某日節甲某旬，據某住址某姓名，禱祈某事憂疑未決，敬就大神聖所求靈卦。上知天文，下知地戶，中察人間禍福八八六十四卦，內賜一卦，三百八十四爻內賜六爻伏望諸位聖神。靈通報應，是吉是凶，卦莫亂成或悔或吝，爻勿亂動，吉則吉神出現，凶則凶象伏藏，人有誠心，卦有靈應，盡在卦中分明判示（遂將錢擲下三次得何卦象）適來內卦某宮三爻，（已蒙某爻發動，如無發動則云未蒙發動）再求外象三爻。真成一卦以定吉凶適來冒動諸位聖賢先生。稽首奉送各返虛空後有告懇一望降臨，稽首皈依伏惟珍重。」[24]

按以上所述的以錢代蓍法，完整的運作程序，有如道教科儀，除了感應《易》學相關之眾神靈之外，連虛空境內值日功曹均依依求禱，正顯示其天人感應之思想和自天祐之吉無不利的概念，最根本在於心誠則靈，感而遂通天下，雖神而明之存乎其人，默而成之，不言而信，乃在於人之德行。也就是經驗的累積，純理論是無法唯變所適，唯有在眾多的經驗才能心領神會。

《卜筮正宗》云：「以錢三爻薰于爐上致敬而祝曰：天何言哉叩之即應神之靈矣，感而遂通。今有某姓有事關心不知休咎罔釋厥疑，惟神惟靈，若可若否，望垂

24 徐紹錦校輯：《斷易天機》，（台北市：武陵，1997年），頁8–10。

昭報，祝畢擲錢一背為單畫丶，二背為拆畫〃，三被為重畫□，三字為交畫╳，自下裝上，三擲內卦成，再祝曰，某宮三象，吉凶未判再求外象，三爻以成一卦以決憂疑，祝畢復如前法再擲合成一卦而斷吉凶，至敬至誠無不感應。訣曰：兩背由來拆，雙眉本是單，渾眉交定位總背是重安單單單曰乾，拆拆拆曰坤，單拆單曰離，拆單拆曰坎，餘卦倣此三背為重，三字為交，重交之爻謂之發動，重作單屬陽，交作拆屬陰，凡動爻有變，重變拆，交變單餘爻倣此。」[25] 見附圖43.1

圖4.3.1 以錢代蓍法（搖卦法）

25 林屋山人王洪緒輯：《增補卜筮正宗》，（台灣：竹林書局），頁2。

按《卜筮正宗》所述之以錢代蓍法，除了請神、問事、求卦、畫卦、點卦、成卦，詳細備載，只要有三文錢幣參照以上之程序及說明，便完成了以錢代蓍法。

綜合《卜筮正宗》和《斷易天機》的相關內容，依樣畫葫蘆人人均可求得蓍問之卦象，然而起卦容易解卦難，尚須理會「火珠林法」方能洗去疑惑之心。（詳見附錄火珠林占驗法三例）

二、「梅花易數」與「大衍之數」的關係

「梅花易數」相傳世北宋邵雍所傳，按《易學大辭典》載說：某日邵雍觀梅，忽見有二雀爭枝墜地，便設計卜算。因此後人稱其術為「觀梅占數」。梅花易數依據「萬物皆數」、「萬物類象」的原理，由數或象都可起卦，並綜合《周易》卦爻辭、體用、互變、五行生剋等諸因素斷卦。此法靈活變通，應用範圍很廣，影響頗大。[26]

26 見張其成主編：《易學大辭典》，頁883。

邵雍關於八卦和六十四卦形成的理論，在易學史上自成一家。如《皇極經世書卷十四・觀物外篇下》云：「太極，一也。不動生二，二則神也。神生數，數生象，象生器，……萬物各有太極、兩儀、四象、八卦之次，亦有古今之象。陰陽分而生兩儀，二儀交而生四象，四象交而生八卦，八卦交而生萬物。」[27]由這一段話理解他對《周易》的形成概念是神、數、象、器，因而化生萬物，所以將《皇極經世書》排列成〈觀物篇〉六十二（十二卷）加上〈觀物外篇上〉（十三卷）以及〈觀物外篇下〉（十四卷）總計六十四篇，將觀物之數與《周易》六十四卦數同。又元、會、運、世的四分法在其《觀物外篇五十一》可以理解如下云：「物之若大者，無若天地，然亦有所盡也。天之大，陰陽盡之矣，地之大，剛柔盡之矣。陰陽盡而四時成焉，剛柔盡而四維成焉。夫四時、四維者，天地至大之謂也。」[28]這一段話足以聯繫「大衍之數」之筮法揲四以象四時，餘數一、二、三、四，營數六、七、八、九，邵雍將四時、四維，推至天地之最偉大，此証其一。至於元、會、

27 〔宋〕邵雍著，陳明點校：《康節說易全書》，（上海：學林出版社，2003年12月），頁925。
28 〔宋〕邵雍著，陳明點校：《康節說易全書》（上海：學林出版社，2003年12月），頁874。

運、世的概念是一元十二會，用十二辟卦來依序排列，一會三十運，一運十二世，一世三十年，所以一元等於十二萬九千六百年，猶如「大衍之數」兩篇總策數之和，萬有一千五百二十，當萬物之數，此証其二。元會與運世的乘積均三百六十，與「大衍之數」乾之策二百一十有六，坤之策一百四十有四，凡三百有六十，當期之日，此証其三。以上在說明「梅花易數」與「大衍之數」的關係，其中仲介在於邵雍的《皇極經世書》，依筆者研究的結果，以《皇極經世書》之體為原理，而以「梅花易數」之用為實踐，這樣就能將三者緊密聯繫。除此之外，本文的重點在於闡發「梅花易數」與「大衍之數」的起卦法以及解卦法不同之處如下：

(一) 梅花易數與大衍之數起卦之異同

在前面即已談過，梅花易數的起卦依據，萬物皆數，萬物類象，也就是說有物即能轉化成數，有象即能轉化成卦。這概念當來自《說卦傳》八卦的象徵，以及《繫辭傳上第十一章》之易有太極是生兩儀，兩儀生四象，四象生八卦。這八卦之先天順序即乾一、兌二、離三、震四、巽五、坎六、艮七、坤八。這兩大象徵極盡取象之能，既簡化、又便利。符合「易則易知，簡則易從，易知則有親，易從則有功」的道理，所以才能大行其道。可見起卦之法頗多，然今就與「大衍之數」概念相同擇其一來探討。

年月日時起卦：以年月日為上卦，年月日加時為下卦，又以年月日時總數取爻。如子年一數，丑年二數，直數到亥年十二數。月如正月一數，直到十二月亦作十二數。日數如初一，一數，直至三十日為三十數。以上年月日共計幾數，以八除之（上八卦），取餘數作上卦。時如子時一數，直至亥時十二數。就將年月日數，加時之數，以八除之（下八卦），取餘數作下卦；就以除六數（卦有六爻）作動爻。[29]試舉一例來說明之：

民國九十八年（己丑），農曆七月十四日下午八點（戌時）走筆至此占得此卦得（年2月7日14合23。23除以8等於2餘7，上卦艮。戌時11合34。34除以8等於4餘2，下卦兌。34除以6等於5餘4【動爻】）損之睽。也就是主卦〈山澤損〉動六四爻變〈火澤睽〉。

29 〔宋〕邵雍著：《梅花易數》（台南市：正海出版，2002年4月），頁11。

梅花易數此例與大衍之數的筮法其相同點有二，其一就是時間的概念，若梅花易數之年月日時起例為小周天，則大衍之數之四營成易即為大周天。其二就是餘數概念，梅花易數以八位為基數，而大衍之數以四為準數，基準點雖不同，求卦的意願是相同，只不過大衍之數要四營十八變而成卦，然而梅花易數唯在動之微即能取卦。兩者得卦均屬偶然性而非必然性，故君子「居則觀其象而玩其辭，動則觀其變而玩其占」。由此可見用在學習《易》學的角度時，採取簡易的梅花易數比較方便有趣。若用在事業上，則須審慎以變易的大衍之數來作為參考，誠如《繫辭傳上》第十章說：「易有聖人之道四焉，以言者尚其辭，以動者尚其變，以制器者尚其象，以卜筮者尚其占。」第十一章又云：「探賾索隱，鉤深致遠，以定天下之吉凶，成天下之亹亹者，莫大乎蓍龜。」這二章是接著大衍之數第九章而連續解說，在重複大衍之數的重要性。所以梅花易數之起例，即大衍之數的筮法，只不過巧妙不同，目的是相同。用在修行的角度而言，即是不恥下問，在博學、審問、慎思、明辨之中獲得弦外之音的一種啟發，寓趣味於學習的精進上，兩者皆可互用。

（二）梅花易數與大衍之數占斷法之異同

常態而言起卦容易解卦難，言要有宗，事須有君，所以據《梅花易數卷二》占斷總訣云：「大抵占卜之法，成卦之後先看周易爻辭以斷吉凶。如乾卦初九：潛龍勿用。則諸事未可為，宜隱伏之類。九二：見龍在田，利見大人。則宜謁見貴人之類，餘皆倣此。」[30]這段話舉例占斷的第一要訣，先看動爻，爻辭的蘊意如何做為參考的初步。

又云：「次看卦之體用以論五行生剋」，其次分別體用即動靜之說。體為主，用為事。應用事生體，及比和，則吉。體生用及剋體，則不吉。[31]這一段話是要補充前述的占斷，陽動陰靜，靜為體，動為用。以八卦五行（乾兌金、坤艮土、震巽木、坎水、離火）做為生剋的方式，來輔助占斷的方法。又佐以互卦及變卦表示過去、現在、未來，亦即現況、過程、結果。

又云：「次看克應」，如聞吉說，見吉兆，則吉。聞凶說，見凶兆，則凶。見

30 〔宋〕邵雍著：《梅花易數》（台南市：正海出版，2002年4月），頁41。

31 同前註，頁42。

圓物，事易成。見缺物，事終毀之類。[32]這一段話就是所謂的外應，神兆機於動，所謂的奇蹟，但並非皆是吉兆，只是提供一個另類的思考，但卻相當關鍵性，意在「唯變所適，不可為典要。」

又云：「復驗己身之動靜」，坐則事應遲，行則事應速，走則愈速，臥則愈遲之類。數者既備，可盡占卜之道，必需以易卦為主，克應次之，俱吉則大吉，俱凶則大凶。有凶有吉，則詳審卦解，及剋用體應之類，以斷吉凶也。要在圓機，不可執滯。[33]這一段話總結占斷的三個原則以剋應的時間，吉凶的應驗在於己身（占卜者）當下的行住坐臥，動則速，靜則緩。

由以上得知占斷之妙包羅萬象，誠如邵雍在《觀物篇》上說：「元、亨、利、貞之德，各包吉、凶、悔、吝之事。雖行乎德，若違于時，亦成凶矣。……《易》有三百八十四爻，貞天文也。先天圓者，環中也。先天學，心法也，故圓皆自中起，萬化萬事生乎心也。先天學主乎誠，至誠可以通神明。不誠則不可以得道。先

32 同前註，頁42。
33 同前註，頁42。

天之學，心也；後天之學，迹也。」[34]這一段話很明顯的暗示，占斷不是那麼容易的。元亨利貞，吉凶悔吝是不足為憑，能神而明之，存乎其人之心，默而成之，不言而信，存乎其人之德行，最後還要誠意，才能以體天地之撰，以通神明之德，所以被稱為內聖外王之學。

試舉一例來做為占斷之異同論之。

天運己丑年農曆七月十五日巳時，針對中元普渡之因應之道所做的占卜，以當下之年月日時做占例：

丑年代數2，加7月15日，共24，上卦坤為地；加巳時代數6，共30得坎為水，動爻總數30除6整除，宜以上爻為占，故得師（䷆）之蒙（䷃）。若換算成大衍之數的成卦法即878886（䷆）按朱熹之變占法，當以（上六）動爻為占。兩者論斷如下：上卦坤土動者為用，下卦坎水為體，為體剋用，剋體者為有所敬畏與壓力得用恭敬之心來應對，逢秋金旺，故體水不懼可以充容以對動爻《師．上六》曰：「大君有命，開國承家，小人勿用。」按劉大鈞與林忠軍在其《周易》經傳白話解

34 〔宋〕邵雍著，陳明點校：《康節說易全書》（上海：學林出版社，2003年12月），頁919。

《師・上六》曰：「大君論功封爵賜命封諸侯開創千乘大國授卿世大夫世襲百乘之家小人則不可用。」[35]從這一爻解釋的提示，隱喻著對於中元節之普渡象徵意義很大。國君打勝仗才能讓老百姓安居樂業，所以對於凱旋而歸之將士即應論功行賞。對於為國捐軀者，即應入忠烈祠加以紀念，于每年中元節民間廟宇在普渡之時，亦另設有為國捐軀之三軍將士牌位加以祭祀，小人就無此福氣。又按〈體用總訣〉云：「如易卦具卜筮之道，則易卦為體，以卜筮為用之，此所謂體用者，借體用兩字，以寓動靜之卦，以分主客之兆，以為占例之準則也。大抵體用之說，體卦為主，用卦為事，互卦為事之中間，剋應變卦，為事之終應。體之卦氣，宜盛不宜衰。」[36]由這段話更能理解互卦（由土卦的二、三、四爻為內卦及主卦的三、四、五爻為外卦，所組成的卦中卦。）在過程中亦扮演著重要角色，以及變卦（䷜第六爻陰變陽䷃）代表著事情的最後剋應。首重體之卦氣，如同此例，水於秋令占卜金旺水相，雖互卦一土一木（用互坤土，體互震木），又剋又洩，以及變卦（山水蒙）

35 劉大鈞，林忠軍譯注：《周易》經傳白話解，（上海：上海古籍出版社，2006年12月），頁41。
36 〔宋〕邵康節著：《梅花心易數理大全》（台南：飆巨出版，1990年），頁57。

艮土又剋體，幸有秋金當旺來轉化一切如宜，亦即是對中元節所做的普渡，是一種奉獻而不求回報，但神道設教的意義是相當具有啟發教育性的功能。

大衍之數的論斷參照朱熹《易學啟蒙》考變占六爻變例為原則：「凡卦六爻皆不變，則占本卦彖辭，而以內卦為貞，外卦為悔。一爻變則以本卦爻辭占。二爻變則以本卦二變爻辭占，仍以上爻為主。三爻變則占本卦及之卦之彖辭，即以本卦為貞，之卦為悔。四爻變則以之卦二不變爻占，仍以下爻為主。五爻變則以之卦不變爻占。六爻變則乾坤占二用。于卦占之卦《彖》辭。」[37]這一段話就是大衍之數所謂「引而伸之，觸類而長之，天下之能事畢矣。顯道神德行，是故可以酬酢，可與祐神矣。子曰：知變化之道者，其知神之所為乎。」（見繫辭傳上第九章）顯然變占的掌握是大衍之數的實踐，筮法只是其運用而已。

從以上兩者之變占原理得到了其異同之差異性，梅花易數只有唯一的動爻，而大衍之數有七種類型。前者占斷有三個過程包含體用、互體、變卦，用五行及動爻爻辭和卦象以及時令做為論斷的依據。後者因為有七種類型的占斷就有七個原

37 見朱熹：《易學啟蒙》收入《周易本義》，頁386–387。

則，至於兩者之應用上各有巧妙。依筆者之經驗是因時制宜，用在一般的得失當以梅花易數為方便法門，另用在對《易傳》的理解，則有賴於大衍之數之實際演算，會有事半功倍之效，更能體會所謂「蓍之德圓而神，卦之德方以知，六爻之義易以貢。」（見繫辭傳上第十一章）這三句話的精髓在於蓍德以起卦，卦德以成卦，六爻以變占解卦，所以告人趨吉避凶。更重要的是乾用九：「見群龍無首，吉。」坤用六：「利永貞。」這兩句話乃是大衍之數之六爻變的變占體例，所以大衍之數的占斷法確有必要理會，才能貫通《周易》的蘊涵思維。

總結兩者起卦法與筮法和體用與變占法，在於儀式上有所差別。梅花易數可以說不拘形式，屬於世俗化；而大衍之數有一定的儀軌，當屬於神聖化。若從道教的科儀而言，大衍之數當屬「道教易學」，在道教派別，歸屬占驗派。

第四節 大衍之數與魏伯陽的丹道

「大衍之數」除了應用在占驗方面，也被魏伯陽所引用，在這本俗稱「萬古丹經王」的《周易參同契》，其所受影響的部分與本論文有關的當有「大衍之數」與「京房八宮卦」。首先簡略的介紹《周易參同契》這一本書，而後述及它受「大衍之數」的影響以及「京房八宮卦」的影響。

一、《周易參同契》概述

葛洪《神仙傳》言東漢魏伯陽作《參同契》，又根據長生陰真人在《周易參同契》序說《周易參同契》作者有三人，卷上疑徐真人所作；卷中疑魏伯陽所作；卷下疑淳于叔通所作，所以是三人合著。[38] 又根據蕭漢明的考證《參同契》和《五相類》皆為魏伯陽所撰[39] 蕭氏考證精詳，所云較為可靠。按三卷全部有近六千

38 長生陰真人註：《周易參同契》，收入《正統道藏》第34冊，太玄部，映字號，頁153。
39 蕭漢明：《周易參同契研究》（上海文化出版社，2002年），頁38—39。

字，介於《老子》五千字與《易經》之間，經過深入的研究發現卷上首章有先天四正卦，乾、坤、坎、離。有《繫辭傳上》：「天地設位，易行乎其中」（卷上第七）。《文言．坤》：「黃中通理」（卷上二十八），卷上又有六十四卦、剛柔、（屯）、（蒙）、動靜、爻辭、天地、乾坤、周流六虛、往來無常、易者象也、懸象著明莫大乎日月、窮神知化、卦有三百八十四爻、天地媾精、納甲（壬癸配甲乙，乾坤括始終）、居則觀其象、定吉凶、動則循卦節靜則象彖辭、爻象內動吉凶始起、原始要終、吝咎。[40] 由以上的相關字眼得知卷上所採用的材料來自《易傳》，契合所需分配在不同的章節上，與「大衍之數」有關的六、七、八、九則在十七、十八、十九三章。

有關火候[41]的重點則分布在《周易參同契卷中》，如乾剛坤柔配合相包（卷中第

---

40 長生陰真人註：《周易參同契》，收入《正統道藏》第34冊，太玄部，映字號，頁156–168。

41 火候，按趙聞起在其內單第二集《靜坐與易經》所說：丹法吃緊關鍵在「火候」。丹家每謂：「聖人傳藥不傳火，古來火候少人知」。其實火候只是巧匠斲輪，得心應手。非父子不能相傳，實無法以言語傳述也。學者只要在實驗中，提綱契領，而不是在知解下功夫，就庶乎近道。（見瑞安趙聞起著內丹功第二集《靜坐與易經》），（台灣：中華書局，1986年3月），頁81–82。

一）、君子居其室出其言善者千里之外應之、屯以申子、蒙用寅戌（卷中第二）、餘六十卦各自有日、二至二分（卷中第三）、靜動有常、剛柔斷矣（卷中第四）、利用安身（卷中第五）、初九潛龍、九二見龍、九三夕惕、九四或躍、九五飛龍、上九亢龍、用九、十二消息卦、無平不陂，道之自然、終坤始復，如循連環、乾動而直、坤靜而闢、陰陽配日月、五行相剋、三五不交、金水相比、水火為伍、三物一家都歸戊己、剛柔迭興。[42] 由以上出現的字眼均在暗示火候進退的導引，它取自《易經》卦爻辭和《易傳》其中最明顯的是用（乾）卦六爻的時位和十二消息卦作為火候的依據。

至於參同契的具體意涵，則在《周易參同契卷下》第七章說的很清楚，認為參同契只是敷陳梗概，不能純一泛濫而說纖微。所以復作《五相類》則大易之情性盡矣！[43] 所謂《五相類》即《繫辭傳上》第九章大衍之數的天一、地二、天三、地四、天五、地六、天七、地八、天九、地十（天地之數），五位相得各有合。天一生水

42 長生陰真人註：《周易參同契》，收入《正統道藏》第34冊，太玄部，映字號，頁177–192。

43 同前註，頁198。

地六成之；地二生火天七成之；天三生木地八成之；地四成金天九成之；天五生土地十成之（河圖十位）。五相類，即比附五行的生、成之數以及代入五行來做為三道由一俱出徑路，以及三五歸一的概念。在藉資黃老，佐以卷中的火候（爐火）此就是所謂的參同契（大易、黃老、爐火）進一步的解釋參同契[44]就是天人合一。

二、大衍之數的影響

「九還、七返、八歸、六居」，據陰真人的註解一、三、五、七、九，陽之數也；二、四、六、八、十，陰之數也，共五十有五即是天地之數九當乾卦亢龍之位，七當乾卦飛龍在天，大人造也。亢龍有悔，窮之災也。故從九位而反六，八當坤卦龍戰於野，六當坤卦黃裳元吉文在中也。故從八位而居六焉，取此陰陽大用之

44 參同契是將其宇宙論運用於煉丹術，把宇宙陰陽兩氣發展變化的法則視為內在的人體精氣（坎離）運行變化的法則，或視為鼎爐中鉛汞合成金丹的過程。表現出魏伯陽「天人合一」的人天觀。（見周立升著《兩漢易學與道家思想》），（上海：文化出版社，2001年），頁201。

時陰極之際正用者金水和合之極者水火道窮也。[45]由以上的解說可以理出它與天地之數的陰陽有關，以及「大衍之數」四個營數六、七、八、九有關。從物極必反的角度而言九還當亢龍而返七飛龍在天，九與七屬陽（乾卦）代表著陽火的升降；六居龍戰於野，八歸黃裳元吉屬陰（坤卦）代表著陰符的進退，兩者都與火候有關的一種引喻。

「大衍之數」的六、七、八、九，它代表著陰陽老少，有變與不變的關係，象徵著轉換的樞紐。俞琰在《周易參同契發揮》認為六、七、八、九即水、火、木、金也。以卦言為，坎、離、震、兌；以方言為，東、西、南、北；以宿言為，虛、房、星、昴；以象言為，龜、蛇、龍、虎；以時言為，春、夏、秋、冬；以辰言為，子、午、卯、酉，皆是物也。夫九曰還，七曰返，八曰歸，同一旨意而六獨曰居者，北方坎位乃真鉛所居之本鄉也。真鉛居於北，則九金、八木、七火，三方之正氣如輻之輳轂，如九之朝宗皆聚於北也。[46]由以上的論述將六、七、八、九，

45 長生陰真人註：《周易參同契》，收入《正統道藏》第34冊，太玄部，映字號，頁185。

46 俞琰述：《周易參同契發揮》收入《正統道藏第》34冊太玄部容字號，卷六第十六，頁417。

四個數字多元化，更重要的是將九還、七返、八歸，全部匯流到六居，所謂的天一生水，地六成之，此即為歸一（虛一），虛故能受。因此，就符合大衍之數五十，其用四十九的道理。參同契本就契合《周易》的体用，以黃老的內養為性功，六、七、八、九，又是象徵性的火候升降進退的符號。

《參同契》所云：「三五與一，天地至精」，據陰真人解釋為水數一，火數二，一與二為三，土數五，一者器中水是三五與一也。還丹之道唯此四般，四般合成和遂成真寶至精者陰陽之精氣也。[47] 由以上得知三五與一是和六、七、八、九，相配合成十之生、成之數，用生數代入五行來引喻。在《繫辭傳上》第十章說：「參五以變，錯綜其數。」猶如「大衍之數」筮法歸奇於扐以象閏，五歲再閏的扐而後掛，因此才能四營而成易得其營數六、七、八、九，所以大衍之數的三五是具體可以得出卦象。然而魏伯陽的三五是抽象而能引喻，口授心傳達到還丹的虛擬成仙的境界，無怪乎說三五為一，天地至精，口訣難以書傳，俞琰也認為若明三一且作地

47 長生陰真人註：《周易參同契》，收入《正統道藏》第34冊，太玄部，映字號，頁189。

行仙其妙須是口傳心授難以盡形於毫楮也。[48]

用河圖來概括前面九還、七返、八歸、六居與三五歸一，最為直接了當。《周易參同契卷上》第十二說：「上察河圖文，下序地形流。中稽於人心，參合考三才。」接陰真人解釋為天文謂火，地形謂水，人情謂候；文武火炎於下，水流於上，人情於中，即三極之道備矣。[49] 如附圖4.4.1

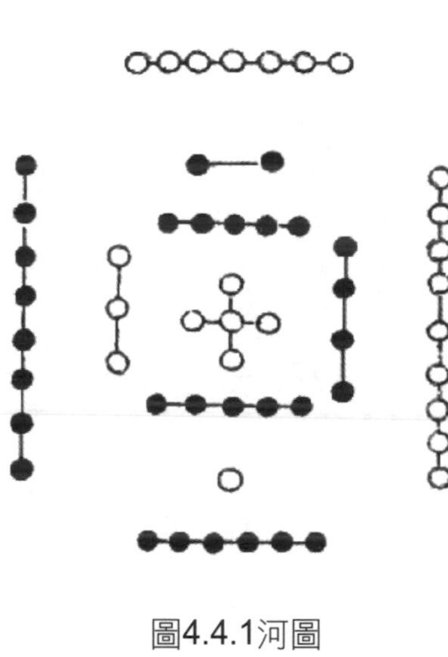

圖4.4.1河圖

48　俞琰：《周易參同契發揮》，頁427。

49　《周易參同契卷上》第十二，頁165。

二七為天文火，中間五十土人情，一六地形水。若將此河圖代入大衍之數，即可一目瞭然。最內圖五十位大衍之數；第二圖，一、二、三、四，為歸奇於扐的餘數；最外圈的六、七、八、九，便為四營成易的營數。又將河圖代入魏伯陽的丹道三五歸一，即一四（金水）、二三（木火）、中央五（土），將金、木、水、火、回歸土（喻萬物生於土，又歸於土，用在丹道而言，人由後天返回先天，煉精化氣，煉氣化神，煉神還虛。），此即還丹之謂。[50] 因此可以理解魏伯陽的火候與還丹當以河圖和「大衍之數」有著密切的關係。河圖有金、木、水、火、土，就有春、夏、秋、冬的循環概念。「大衍之數」三年一閏，有五歲再閏，就有循環的概念。因此，循環概念是不易之方，丹道亦有不易之方，唯有不變的變才能得道成仙。

在魏伯陽而言，納甲是被歸納為火候的應用，又卷上第十九說：「七八數十五，九六亦相應，四者合三十易氣索滅藏，八卦列布耀運移不失中。」[51] 這一段話

---

50 還丹按照陰真人解釋為煉金成金即成還丹，（見《周易參同契卷上》第四十二，頁176。）俞琰由原文金來歸性初乃得稱還丹，解釋其為寂然不動而情復乎性故稱還丹。（見《周易參同契發揮》，卷四，第十四，頁390。）

51 長生陰真人註：《周易參同契》，收入《正統道藏》第34冊，太玄部，映字號，頁164。

更清楚將七、八、九、六，四數相應於一個月的週期數，來做為丹道火候的應用，不但引用京房的納甲，亦採用「大衍之數」的營數，兩者均代表著不同的變化，與象徵性的符號均與火候之進退有關。

在京房的八宮卦主要用十二消息卦以及世應、納甲、五行生剋、建構出父母、兄弟、子孫、妻財、官鬼和自身等六親的概念，魏伯陽意吸取其精華而應用並發揮光大於其丹道中。所以在卷下第五還提到陰陽得其配，青龍處房六，白虎在昴七，朱鳥在張二，三極俱還朝[52]（玄武北方水，意在歸一），這就是九還、七返、八歸、六居的另一相類的呈現，在魏伯陽的建構過程五相類（干支五行生剋、天地五位生成之數）是對《周易參同契》影響至深的關鍵。

魏伯陽的《周易參同契》是道教金丹派形成的一個重要標誌，因此被後人奉為「萬古丹經王」，它是最先系統化把易學卦象符號引入金丹體系之中，並賦予新意，暗示金丹修煉的操作程式（猶如大衍之數的四營成易的筮法，以及隱喻的卦象示人吉凶）。從思想層次而言，魏伯陽的金丹學說並不是單一的外丹燒煉方法演

52 長生陰真人註：《周易參同契》，收入《正統道藏》第34冊，太玄部，映字號，頁197。

示，也不是純粹的導引氣功的翻版，而是將原有的外丹燒煉與導引氣功法式結合起來，巧妙地統一在易學的符號框架之中。[53]此正符合京房利用天象五星二十八星宿加諸在「世位」以及「建候」、「積氣」化作五行六親之生剋而得出吉凶，做為進退之依據模式。魏伯陽將《易》學的兩大精華套入於丹道中，不但是「大衍之數」的延伸也是創舉，只不過太深奧，所以僅能隔鞋搔癢。

53 詹石窗著：《易學與道教符號揭祕》（台北市：大展，2003年），頁204。

大衍之數與現代生活

現代生活最常說的一句話，「計畫趕不上變化」，這所謂變化，正符合《周易》變化的思想，如《繫辭傳下》第八章說：「易之為書也，不可遠，為道也屢遷，變動不居，周流六虛，上下無常，剛柔相易，不可為典要，唯變所適。」[54] 按這一段話的旨意，認為要能適應瞬息萬變的現代生活，就不能遠離《周易》這本書為體，大衍之數的筮法為用，占斷與應用要環境而有所調整，不可膠柱鼓瑟才能大行其道適應潮流。因此，本文將從大衍之數的精神生活、經濟生活、文化生活與社會政治生活，這四個層面來探究大衍之數如何融入現代生活。

一、大衍之數與精神生活

眾所皆知未來將是高齡化的社會結構，對於高齡化之當今所應做的應對，「大衍之數」的筮法確實有其功效，雖然有其限制性，但這可以提供的另一選項。

54 見朱熹撰：《周易本義》，頁304。

在《繫辭傳上》第二章說：「君子所居而安者，易之序也。所樂而玩者，爻之辭也。」[55]《老子》第十五章說：「……混兮其若濁，孰能濁以止？靜之徐清。孰能安以久？動之徐生。」[56]從以上二則的啟示得知居安玩樂，動靜生清的方式與道理，「大衍之數」的筮法，恰如其份的展現出動靜的概念，在演算的過程心情必須是寧靜的，成卦以後的解卦頭腦是靈動的，因此在一靜一動之中深入《周易》卦爻辭的原理，透過「人衍之數」不斷的實踐，對精神層面就相當有助益。以下針對如何將「大衍之數」與精神生活接軌，就融入生活中、析出簡易的方法、創造被利用的價值觀三方面來討論。

（一）融入生活中

《易經》的道理與我們日常生活息息相關，由於被冠以群經之首，致使眾人敬而遠之而不敢接近。本人經友人之介紹，在今年二月初到台北市萬華老人服務中心講習《易經》。首期共二十四人，其學員年齡六十歲至八十幾歲，其心裡非常緊

55 同前註，頁305。
56 王弼注，紀昀校訂：《老子道德經》（台北市：文史哲，1997年），頁30。

張，懷著戒懼謹慎的態度來面對為期二十週的課程。本人秉持著《繫辭傳上》第五章所云：「一陰一陽之謂道。繼之者善，成之者性也。仁者見之謂之仁。知者見之謂之知。百姓日用而不知。」這一段話來做為開場白，其實《易經》的根本道理在於一陰一陽的變化而已，至高可提昇至形而上的道，至低可推及至形而下的器。整個原理均架構在《說卦傳》共十一章，從聖人作易，天生神物，倚數立卦，剛柔生爻與道德仁義，最後到性命的至理。從天道貫串道人事，無一不是跟生活相關。所以《說卦傳》將八卦逐一分類至最後一章如乾為天、為圜、為君、為父、為玉、為金、為寒、為冰、為大赤、為良馬、為瘠馬、為駁馬、為木果。[57]顯示出《易經》的道理是多元性，一切類比取象，日常生活有的，都概括在八卦之中，由此進去摸索就能領悟其中原理之奧妙。

其次是「大衍之數」的筮法，是實踐生活化的不二法門，它蘊含著日常的曆法三年一閏，五年再閏，歲月的運行，寒暑交替一切均在變化中，但萬變不離其宗，唯有變才是生生不息的樞機，所以「大衍之數」蘊含著日常生活中不僅是算術的加

57 見朱熹撰：《周易本義》，頁327。

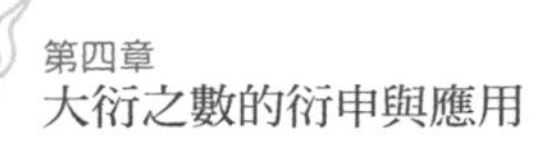

減乘除，《易》中的元亨利貞與吉凶悔吝等四象之外，尚有「顯諸仁、藏諸用，鼓萬物不與聖人同憂」以及「無為而無不為」的精蘊內含其中。

（二）析出簡易的方法

「大衍之數」的道具從原本的蓍草，簡化成與數目相當的替代品，諸如竹筷、香腳、銅幣均可。本人傾向用拜過的香腳五十根，最接近道教的生活，香，本身就是與神交流溝通之神聖物，因先前祭拜過而插入香爐，在精神層面而言，是簡化中最接近事實的神聖替代物。

按照《繫辭傳》第九章，分、掛、揲、扐，四營成易，十八變而成卦，八卦而小成，引而伸之，觸類而長之。[58]得出六十四卦其中之卦象。

最後解卦的部分可按《繫辭傳下》第九章：「噫，亦要存亡吉凶，則居可知矣，知者觀其彖辭，則思過半矣。」[59]也就是說有關卦辭的部分要參考《彖傳》的

58 同前註，頁278。

59 同前註，頁305。

解說，對於一個善知識的人即可領會一半以上了。從經驗得知《易經》的卦象以及卦爻辭，均是一種隱喻、提示性，只要不具象化，結果就不會差太多。至於爻辭部分，就需參考《象傳》的解說以及經驗即可。

（三）經驗分享與人己的互惠

「大衍之數」的成就在於分享學習的樂趣以及人己之間的相互為用，如（兌・象傳）云：「麗澤，兌。君子以朋友講習。」[60]又（坎）卦辭云：「習坎，有孚。維心亨，行有尚。」[61]（坎・象傳）云：「水洊至，習坎。君子以常德行，習教事。」[62]又《繫辭傳上》第九章云：「……顯道神德行，是故可與酬酢，可與祐神矣。」[63]這四則均在說明從學習之間來彼此分享，並可佑助神明，將一陰一陽的道理，透過「大衍之數」來與好朋友分享，除了自娛之外，得到更多的附加價值。試舉一鄭姓

60 同前註，頁256。

61 同前註，頁79。

62 同前註，頁235。

63 同前註，頁279。

學員的學習心得：初次來上《易經》課程，覺得老師把《易經》艱澀的內容講的深入淺出，對他們老年人很有啟發和幫助。老師講授的「大衍之數」對他們演算自己和親人的人生際遇有幫助，如他從「大衍之數」就算出自己的身體狀況和女兒的姻緣，很有成就感。經鄭先生的分享後，第二期開的班已增至三十七位。所以，「大衍之數」在現代生活的精神層面是可以大力推廣的。

二、大衍之數與經濟生活

當今的國際社會，國家的強盛建立在經濟的基礎上，其最明顯的指標，就在其國家的股匯市的行情。股市影響到整個國家的經濟面，股市的波動有其脈動（趨勢），今擬用「大衍之數」的營數（九、八、七、六）來作為台灣股市的平均加權指數的一種參考。這是筆者從《繫辭傳上》第十章獲致的心得，第十章云：「是以君子將有為也，將有行也，問焉而以言，其受命也如嚮，无有遠近幽深，遂知來物。」[64]以及第十二章說：「天之所助者順也。人之所助者信也。履信思乎順，又以尚賢也，是以自天祐之，吉無不利也。」[65]

由以上領悟出，小富由儉，大富由天的必然道理，並由從事於相關證券金融業的學員中問及說：既然《易經》如此的神奇，何不應用於自由經濟市場上（股匯市），更何況財為養命之源（法、財、侶、地，修道之四大要素），只要不背道而行，符合於《易》道的精神，對任何與現代生活有關的事物均可嘗試。今從「大衍之數」如何融入台灣股市（平均加權指數）試從統計法則、變易法則、不易法則三點來討論如下：

（一）統計法則

「大衍之數」的營數，六、七、八、九。合三十相當於一個月的週期數。因此可以預知一個月內的股匯市加權平均指數。按孟喜卦氣說的六日七分法，用在此論點上，一卦有六爻，每爻當值五日，由初爻逆數到上爻，即知該月份的趨勢如何。

64 同前註，頁280。
65 同前註，頁286。

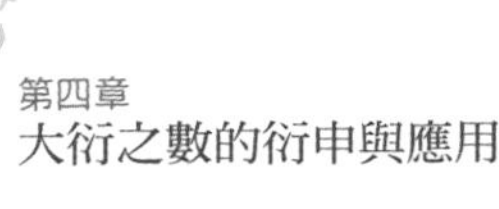

今虔誠求測民國九十八年農曆八月的台灣股市加權平均值的趨勢預測。由本人於農曆七月十七日午時，虔誠請示筮得依次八八九九八七（䷷）火山旅，九三、九四兩爻發動，以朱熹．考變占當以九四爻為占。判讀如下：

依常態而言，筮法的營數，平均值每卦以45數（六爻相加的平均數）為標準，今本例總營數是49，大於標準值45，所以預測到的趨勢當是上昇的，相當於卦象是吉的（如旅卦辭：小亨旅貞吉。）又卦辭吉，但爻辭卻有吉凶之分，（如旅卦六二：旅即次，懷其資，得童僕貞。而上九：鳥焚其巢，旅人先笑後號咷，喪牛於易，凶。）[66]所以一月之中又有昇（吉）、降（凶）之分，由此例營數推測，一卦營數平均值45除以六爻，每爻當7.5，所以得知上旬（八、八）是微幅上昇，中旬（九、九）是人幅上昇，下旬（八、七）是微幅下降的趨勢。由營數得到初步的趨勢預測，此即所謂統計法則。

66 同前註，頁154–155。

（二）變易法則

按《繫辭傳下》第一章說：「吉凶悔吝者，生乎動者也。變通者，趣時者也、吉凶者，貞勝者也。」[67]又第十章說：「易之為書也，廣大悉備。有天道焉、有人道焉、有地道焉，兼三才而兩之故六，道有變動，故曰爻。爻有等，故曰物。物相雜，故曰文。文不當，故吉凶生焉。」[68]由以上兩章的提示，除了統計法則的營數之外，還要配合變占法則的動爻所顯示出的吉凶以及它所值的三才之道。

由本例來說明，今按朱熹《易學啟蒙》占變體例，兩爻動（六或九為動爻）看上爻，因此要觀注〈旅．九四〉：「旅于處，得其資斧，我心不快。」小象：「旅于處，未得位也。得其資斧心未快也」。[69]所提示的內容是有所得，但內心不太快樂，它所隱喻的是什麼，再從三才之道（初、二爻地道，三、四爻人道，五、上爻天道）的變動，得知是「人道」的變動，顯然是人為的有意操作的結果，並非符合

67 同前註，頁290。

68 同前註，頁306。

69 同前註，頁155。

於實際面，所以才會造成人心之不快，此之所謂的變易法則。

（三）不易法則

舉凡預測性的就不是絕對的，難免有稍許誤差。人性的弱點在於貪又怕，誠如〈乾・文言傳〉所云：「亢之為言也，知進而不知退，知存而不知亡，知得而不知喪。」對投資大眾而言，失敗的原因在心裡因素不夠健全，沒有知止的功夫。舉凡循環的事物均有週期，如〈泰・九三〉說：「無平不陂，無往不復，艱貞無咎，勿恤其孚，于食有福。」[70]只要能堅持這些不易的法則，相信對投資大眾而言是有利可圖，掌握原理，秉持著履信思乎順，又以尚賢（對投資標的下功夫）的道理來實踐，自能得上大的祐助而財源廣進，此之所謂不易法則也。

舉凡愈周密，成功的機率愈大，除了深入「大衍之數」的研究之外，尚必須配合實踐從事的專業人士，使理論與實踐更能契合，因此本人就此命題討教於任職日

70 同前註，頁34。

盛證券股份有限公司自營處沈協理他基本上認同「大衍之數」有其參考的價值，所以做了以下的分析，他將「大衍之數」六爻的營數大於45為看多，小於45看空，等於45為盤整。然後將「大衍之數」與人為預測做比對分析，做出了以下實務性的建議如附表。

沈協理並提出兩點結論：

1. 以大衍之數對台股指數的結論具參考性，因為影響股市的變數太多。舉凡總體經濟、政治、國際與天災人禍，非一己之力能全盤預測。因此，若能將大衍之數融入對股市的判斷預測，對股市從業人員助益良多。

2. 股市是對人性「貪」與「怕」的試煉，

		大衍之數		
		看多（＞45）	盤整（＝45）	看空（＜45）
人為預測	看多（＞45）	持股＞50%偏多操作（積極作多）	持股＞50%精選個股（中性偏多）	持股≦30–50%精選個股善設停損
	盤整（＝45）	持股＞50%精選個股作多（中性偏多）	持股≦50%精選個股低買高賣區間操作	持股≦30%精選個股善設停損
	看空（＜45）	持股≦50%精選個股善設停損（中性）	持股≦30%精選個股低買高賣	（個股持股降低0）可作期貨空單（積極作空）

表4.5.1　大衍之數與人為預測表

將大衍之數融入股市的判斷預測雖有助益，但更重要是「執行」知行合一（原理與實踐），才能使「大衍之數」對實體經濟面真正產生實質助益。

經由沈協理以上專業實務的融入，將「大衍之數」之預測與本人預測，付諸行動於投資理財方面，可謂之為事業。猶如《繫辭傳上》第十二章所云：「形而上者謂之道，形而下者謂之器，化而成裁謂之變，推而行之謂之通，舉而措之天下之民謂之事業。」[71]所以掌握了道、器、變、通的道理付諸於天下的人民使用，因此「大衍之數」除了在精神層面之外尚能兼具經濟層面的功能。這也是未來宗教工作者所必須關切的問題，時代不同就應有不同的思維，才符合道教易學。

三、大衍之數與文化生活

文化的提昇，必須向下紮根，藉由〈升〉卦的象傳所云：「柔以時升，巽而順，剛中而應，是以大亨。」又《象傳》說：「地中生木，升，君子以順德積小以

71 同前註，頁283。

高大。」[72]由這二段話更能體悟，文化生活的養成愈早，效果愈佳，基礎穩固才能更加茁壯。因此筆者曾嘗試教導過八至十歲的小朋友，效果相當顯著，得到了一些心得。

從數學的角度來看，「大衍之數」它有一套完整的算數程序，按照其規律，即可求得六、七、八、九，四個營數，逆數又可得到陰陽卦畫，而找到六十四卦的卦象（參照六十四卦方卦圖）。這過程無形中讓小孩子得到了太極（勿用），兩儀（乾闢坤闔），三才（掛一象天、地、人），四象（揲之以四，象春、夏、秋、冬四時），歸奇於扐（三歲一閏），五歲再閏（五年兩閏），天地之數（1至10的總和），乾坤兩策（360日合一圓周之週期數）以及兩篇之策萬有一千五百二十當萬物之數，經過四次經營（分、掛、揲、扐），十八變（得到六爻）而成卦，八卦（乾、兌、離、震、巽、坎、艮、坤）而小成，引而伸之，觸類而長之（六十四卦名），天下之能事畢矣（三百八十四爻，爻也者效天下之動也），顯道神德行（有了神祕的經驗，也就是宗教靈驗的信仰開始產生），是故可以酬酢（朋友彼此分享

72　同前註，頁203、247。

提昇自信心而私相授受）。基於以上的實踐用注入式的教導，寓「大衍之數」於宗教信仰於小朋友的身上，可收到對《易經》的認識因而產生興趣，而且對於無形的主宰有所敬畏，知道冥冥之中有神存主宰，不能做壞事。因此，「大衍之數」對提昇的文化生活是有幫助，所以可以引伸到中學、高中以至大學，甚至終身學習，這就是「大衍之數」與文化生活的重要性。

四、大衍之數與社會政治生活

《繫辭傳上》云：「易與天地準，故能彌綸天地之道。」又云：「形而上謂之道，形而下謂之器，化而裁之謂之變，推而行之謂之通，舉而措之天下之民謂之事業。」[73] 又《老子．二十八返樸章》云：「樸散則為器，聖人用之則為官長，故大制不割。」[74] 用以上的三段話，對於社會和政治生活均有相當的關聯，《周易》可以透

73 同前註，頁267、287。

74 見王弼注：《老子道德經》（台北市：文哲史，1997年），頁63。

過「大衍之數」得到啟示，作為參考的依據。從形而上而言，即不恥下問，從形而下而言，問以辨之，任何社會的一份子或政治人物猶能廣納諫言，透過本身的智慧將從「大衍之數」所透漏訊息，轉化成現代語言，擇其善者推而行之，勞民相勸，讓天下的老百姓舉措自然簡便，就能利益眾生事業的進展與光大。誠如將樸破壞而製成器具，聖人善盡管理，因勢利導，社會就能安和樂利。當前社會被政治生態傷害的太深，割裂人民的感情甚劇，明智的選民若能用「大衍之數」來做為選賢與能的參考，這些貪官污吏、無能官僚，將無以作怪或僥倖得逞而踐踏人民純樸之心。

「大衍之數」在社會生活扮演著相當重要的角色，當今社會詐騙集團橫行，當接到來電感到懷疑與驚懼之時，若能冷靜告知來電者，請稍後再來電，利用空檔藉用「大衍之數」便能一握為笑而從容應付，何咎之有呢？此命題若能推廣至全社會，等於反詐騙的最好工具。因人會遭受詐騙欠缺冷靜，一旦進入無思無為的時空，推演「大衍之數」已經清醒大半，何來被詐呢？筆者在每個教學課堂上均做如此宣導，期能為社會提供此一良機。

「大衍之數」從《繫辭傳》開始到漢代象數易的暢行，如孟喜之卦氣說、京房之八宮卦，乃至到麻衣道者之火珠林、邵康節梅花易數，以至現代生活，每個時代均受到相當程度的重視，雖然用不同的面目呈現，但大部分均與生活息息相關。由始至壯、終究，又復始，生生不息，是以生生之謂《易》。

第五章 結論

「大衍之數」誠如《繫辭傳下‧第六章》所云：「《易》，其稱名也小，其取類也大。其旨遠，其辭文，其言曲而中，其事肆而隱。因貳以濟民行，以明失得之報。」「大衍之數」雖僅含224個字，但其淵源從天地之數，陰陽合德，剛柔有體，以體天地之撰。天一至地十，凡五十有五，以此成變化而行鬼神。河圖、洛書不外九位或十位，凡相合總數皆成一百，即天地之數十位的倍增。如同八八六十四卦，由小成引而伸之，《周易》尚中，即百數折中成五十，所以大衍之數五十，其用四十九。猶如一百分成二個五十，其一不用而用一（五十）。分成兩堆，象徵陰陽兩儀。掛一象徵天地人三才。揲四象徵春、夏、秋、冬，四時；四次經營（分、掛、揲、扐），凡十八變。經由不斷的變化，來救濟人民對吉凶之趨避，所以變化是《易》的總稱，《易》的原理與實踐在「大衍之數」即能鉅細呈現。

「大衍之數」不見於馬王堆《帛書》，因此它形成大約在西漢初期之後，最晚不會晚於易學家京房活躍的年代（西漢中期）。「大衍之數」也是先民經過無數次經驗發展的結果，從初期（周代）的271根筮竹演成兩漢的49根占卜用具。

「大衍之數」由兩派六宗及近代先賢的解讀，有鄭玄用五行的概念與天地之數相減而得；京房用十天干、十二地支、二十八星宿而得五十；邵雍用《繫辭傳》蓍之德圓，即天七乘天七，故四十九為其用；王弼其一不用，而用之以通，是易之太極也，以太極的概念而得以用；胡瑗、程頤、朱熹三者均認為大衍之數五十均出自於自然理勢，非人力所能左右；楊萬里從易道尚占入手，認為「大衍之數」就是數之用、數之本、數之終，乃繼承程氏五乘十之積而發揮其義；李杞認為「大衍之數」是出於天地之數和河圖自然之數而虛五及勿用之一而得以用之；近人高亨直接以天地之數五十有五減六（一卦六爻）得四十九以用之；金景芳呂紹綱則認為五十是五十五之所漏又說大衍之數五十有五是自然的筮法是人為的。

據以上對「大衍之數」五十其用四十九之說法，筆者認為，它是先賢歷經無數次的實驗，而在某一次偶然發現用48（八卦乘以六爻之數）即能衍出六七八九，四個營數，但缺乏一（道的思維），無法形成天地人三才的概念，故用四十有九，分二以象兩（天地之道），天地之道非有人為即不知其義。是以筆者嘗試用四十八根香腳問焉以言而受命如嚮得到〈大過〉卦；再用四十九根占筮之，得到〈鼎〉卦。兩者一比較，由卦象而言〈大過〉本末弱也；〈鼎〉巽木而火，木火通明取薪也。

蓍草本木也，離火文明也，用蓍草文明以示人。又〈鼎〉卦的卦序五十恰如大衍之數五十，其用四十九，所以用四十九演大衍之數才合乎邏輯。是故用「大衍之數」來解「大衍之數」是研究大衍之數的精髓所在。

大衍之數的變占法則，有宋朱熹以及近代高亨兩位最具體。本人傾向朱熹的定論。原因如下：朱說六爻不動看彖辭（卦辭），如同《繫辭傳上》所謂「《易》無思無為，寂然不動，感而遂通天下之故。」凡筮者將問題意識求之，神即知其問題的吉、凶、悔、吝、孚、厲、無咎等，因此在冥冥之中即示以當事人六十四卦之卦象，因其問題簡單明確（猶如孟喜卦氣之占驗固定型式）。一爻動，看唯一的動爻，如同《繫辭傳下》所謂爻也者，效天下之動也。表示六十四卦的卦象，針對問題並無確定的答案，因此訴諸於唯一動爻（所謂吉凶悔吝生乎動者也）；二爻動，看上爻，動態的形象愈上愈明顯，猶如風吹大樹，上動而下不動，靜態的主宰者，在回答問題時，發覺有異，故必須變易其解，用另一動爻取代最初的動爻，以符合筮問，如同《繫辭傳下》所謂變通者，趣時者也；三爻動，看本卦與之卦之彖辭（卦辭），問題意識有兩種可能性的答案；有兩者均可，有兩者均非，有一成一敗，連上天也為難，即所謂「貞悔相爭」也；四爻動看之卦不動的下爻，這與二爻動完全相反，可見問題的變化多端，無法在短時間得以理解或尚未成定局，在過程中曲折離奇，無形中告知筮者小心應付，最後應以靜制動。誠如《艮、彖傳》所謂「時止則止，時行則行，動靜不失其時，其道光明」（猶如京房之飛伏概念）。五爻動，看之卦唯一不動之爻，雖然在占筮經驗之中出現的機率不大，但畢竟會有，顯示其問題意識相當複雜，在尋尋覓覓中才得到的玄機。如同《乾九三．文言傳》所謂「知至至之，可與幾也。知終終之，可與存義也」（不管如何，自始至終都會有筮問者要的答案）；六爻全動看之卦的彖辭（卦辭），此針對筮者的問題作全盤否定的相錯概念，即所謂的〈乾．用九〉：見群龍無首，吉。〈坤．用六〉：「利永貞。」至此，七種考變占乃筆者觸類思維之全貌，針對「大衍之數」解卦的一些創見。

「大衍之數」對於未來的研究發展，有如宗教對社會的關懷。宗教有對話，相信「大衍之數」亦可作為對話的工具與媒介。試舉一例，有關道教的問題；天公爐有三足，有一前二後、有二前一後，殊不知孰是孰非？道經或許未曾明文規定，據此用香腳50支以「大衍之數」求之，得〈鼎〉：元吉亨。鼎亦三足，元吉亨，意謂開始固定就大吉，享祭自能亨通。經此一解，盡釋前疑，誠如《老子第二十四章》所謂自見者不明，自是者不彰。「大衍之數」在此的功能，恰能治修行大眾自是、自彰之通病。

「大衍之數」是《周易》卜筮尚占的原理，它透過四營十八變，得出六、七、八、九這四個數字，此四數字再與老陰、少陽、少陰、老陽的觀念比附上，就讓我們得窺天地造化，陰陽消長之機。後來的占驗家，例如京房、麻衣道者、邵雍等人，都是在此基礎上，發展出一套更綿密的占驗系統，讓「天人合一」的思維更加踏實。「大衍之數」可說開啟了道教占驗派的先機。天下事物的繁雜，以及事物的變化，皆隱含於卦爻辭之中。如同神明般的靈驗。「大衍之數」的原理和實踐，若沒有實際操作，是很難空口臆測。因此想達到窮神知化的境界，除了道德修養之外尚須配合實務的應証，以及透過《周易》文本和《易傳》思維相串聯，才能通曉大概，因此可做為二十一世紀人類心靈慰藉之方與行止進退的參考。

附錄

一、火珠林之觧卦應用

1、易中明義

《火珠林》曰：「四營成易，八卦為體，三才變化，六爻為義。」註云：書有三而異用，卦皆八以為經，一曰連山，二曰歸藏，三曰周易。自秦焚書坑儒連山、歸藏不傳於世，又云：一曰治天下，二曰論長生，三曰卜吉凶。夫三才者天干為上，能占九天之外，日月星辰風雷雨陰晴之事。地支為中，能占九地之上，山川草木人倫吉凶否泰存亡之事。納音為下，能占九泉之下，幽冥虛無六道四生之事。夫乾坤二體各生三索而為六子，配合而成八卦。八卦上下變通，遂成六十四卦。夫易本無八卦，只有乾坤，本無乾坤，只有太易。易者在天為日月，在地為陰陽，在人為心目，煉其心而心自靈，修其目而目自見，先達人事後敷卦爻，人事變通卦爻自曉，吉凶應驗歷歷不爽矣！[1]

按《火珠林》開宗明義這四句話，得知《易》學的起源分類用途配置天、地、人三才於六爻之中，運用天干、地支、納音，各得其宜，解其所惑，非用實例難能

1 見劉主明主編《火珠林》，頁3-4。

理解，今試舉例述之：如乾卦初爻甲子動，占天文主風，占人事主人孫、六畜、花木、酒饌、憂喜等事。占地理主穴中有石之類。

乾卦

戌壬	——	父母 世
申壬	——	兄弟
午壬	——	官鬼
辰甲	——	父母 應
寅甲	——	妻財
子甲	——	子孫

由乾卦渾天六十甲子以及六親和納音加上卦爻發動，即可做出天象（甲木屬風），人事（子孫爻），地理（納音甲子金）的相關事宜做為解惑之依據，以利趨吉避凶，這就有別於「大衍之數」用《周易》的吉凶悔吝等結果，更深入生活化，這樣的轉折，為後世占驗派繼承之主因。

2、六親根源

《火珠林》曰：「卦定根源，六親為主，爻究旁通，五行而取。」註云：「根源者，八卦之宮主也。而元有六親，傍通者六爻之飛象也。而上下相乘，五行者金木水火土也。而定四時六親者主宮也。六爻，父子、兄弟、妻財、官鬼定一宮管八卦，七卦皆從一宮出傍通者，上下宮飛象六爻也。蓋本宮在下為伏之六親，傍宮者上為飛之六親，如六壬課有天盤、地盤先看六親之下，後看六親之上，所乘得何爻而變吉凶存亡也。」[2]

按《火珠林》提六親根源，是得卦後的根源在於六親的安置，先要找到京房八宮卦的本宮，才能配置得卦的傍通卦，試舉一例來說明。如，占得復（坤宮一世卦，五行屬土，簡稱坤土世一，在前面已論述過。）

2　見《火珠林》，頁7–8。

（本宮）坤卦

六親	世應	爻	干支
子孫	世	— —	癸酉
妻財身	世	— —	癸亥
兄弟		— —	癸丑
官鬼	應	— —	乙卯
父母		— —	乙巳
兄弟		— —	乙未

（下）伏象

（傍通）復卦

六親	世應	爻	干支
子孫		— —	癸酉
妻財		— —	癸亥
兄弟	應	— —	癸丑
兄弟		— —	庚辰
官鬼		— —	庚寅
妻財身	世	———	庚子

（上）飛象

由上例來解說，復卦是以錢代蓍法求得卦象，依序為單拆拆拆拆拆六爻，它是坤宮所轄的一世卦，六親的配置以坤宮為主，所以叫做伏象為已知，飛象為未知。因此凡得卦便生尋得本宮，次論飛象，才能尋出世應，後再求出卦身此六親才算完整。按伏象坤卦，卦身在子孫（陰世還當午月生，世在上爻，所以卦身在亥。），傍通飛象《復》卦，身在妻財（陽世則從子月起，世在初爻所以卦身在子。）。

此六親根源是一切斷卦的基礎，配上日月、五行、生剋制化、動、空即能推測吉凶。

3、財官輔助

《火珠林》曰：「財官異路，可辨五鄉，用有輔助，類可忖量。」註云：財者，妻財。官者，官鬼。是故至柔者財，至剛者鬼，而有輔體，輔體用官鬼以父母輔之，用妻財以子孫輔之，值旺相為有氣，休囚為無氣，得生扶為吉，剋破為凶。[3]

按《火珠林》財官輔助，是斷卦的不二法則。妻財為養命之源，須子孫來生助，財源才能源源不斷此其一；財為用神子孫即元神，元神能化忌神，生助用神，作為通關之神此其二也；官鬼為功名，以父母為輔助，因子孫為官鬼之忌神，父母能剋子孫，又為官印，做官必須有官印才能行權。並且須視四季的旺相死囚休之有氣與否，參考有用與否？如

春：寅卯木旺，巳午火相，辰戌丑未土死，申酉金囚，亥子水休。

3 見《火珠林》，頁9。

夏：巳午火旺，辰戌丑未土相，申酉金死，亥子水囚，寅卯木休。
秋：申酉金旺，亥子水相，寅卯木死，巳午火囚，辰戌丑未土休。
冬：亥子水旺，寅卯木相，巳午火死，辰戌丑未土囚，申酉金休。

輔助財（子孫爻），官（父母爻）的元神，逢旺相之月令出現為有用，死休囚為無用。因此，月令做為斷卦的依據。

4、世應相克

《火珠林》曰：「旁爻持世，旺相得地，應與動爻，不剋方是。」占財，子孫旺相，妻財持世。占官，父母旺相，官鬼持世。註云：「巳上皆可許，忌應爻、動爻剋之。世爻乃我家情由，應爻為彼之事理。」[4]

按《火珠林》世應的概念，是斷卦的分野，世為占問的人，應為相對之方。兩者相生相合，凡占謀旺順遂。世空或受剋，大抵做凶論。又動爻亦要來生扶世爻方吉，反之則凶，這都是斷卦的基本原則，相對於大衍之數就難分彼此。

4 見《火珠林》，頁13。

5、公私用事

《火珠林》曰：「陰陽男女，次第推排，官用取官，私用取財。」註云：「占病鬼祟，占失看賊，占求官事，占官詞訴，占婚問夫，已上皆看官爻。占買賣財，占婚姻事，占求財事，占奴婢事，已上皆看財爻。」[5]

按《火珠林》公私兩事占卜時取用神之原則，用神的定義為所以用之為神。神者變化莫測，同時問婚姻之事，男女則有別，如註所示，男看財爻，女看官爻，這是古代重男輕女的慣性，用於卜筮之上也，是天尊地卑的關係，所以用神之取用，做為占卦有其必然性，斷卦方能靈驗。以上所舉之用神，只是大概。

（1）凡占祖父母、父母、師長、家主、伯叔、姑姨、與我父母同輩或與父母年紀若之親友及牆城、宅舍、舟車、衣服、雨具、求雨、紬布、氈貨、章奏、文章、館室，俱以父母爻為用神。

（2）凡占功名、官府、雷電、鬼神、丈夫、夫之兄弟同輩及夫之相與朋友、亂臣、盜賊、邪祟、憂疑、病症、尸首、逆風，俱以官鬼爻為用神。

5　見《火珠林》，頁14–15。

（3）凡占兄弟、姊妹、姊妹之丈夫、妻之兄弟、誼兄弟及知交朋友，俱以兄弟爻為用神。

（4）凡占兄嫂與弟婦、妻妾及友人之妻妾、婢僕、物價、錢財、珠寶、金銀、倉庫、錢糧、什物、器皿及問天時晴明，俱以妻財爻為用神。

（5）凡占兒女、孫姪女婿、門生、忠臣、良將、藥材、僧道、六畜、禽鳥、順風、解憂、避禍及問天時日月星斗，俱以子孫爻為用神。

（6）凡卦中世應二爻，世為自己，應做他人。世應相生相合是云賓主相投，世應相剋相沖可見兩情不睦。凡占自己疾病或問壽數或問出行吉凶，諸凡損益自身者以世爻為用也。凡占無尊卑稱呼，未曾深交之朋友，九流術士、仇人、敵國或指實某處地頭或指此山此水此寺此墳等類，俱以應爻為用神也。如占自己有一地可造墳否？則世為穴場，應為對案。如將買他人之地而欲造墳，問此地若葬益利我家否？以應作穴場，世是我家也。[6]

以上用神分類定例，是占卦的重心，有了用神之後，牽連出元神、忌神、仇

6 見王洪緒輯《增補卜筮正宗．卷三》，頁10–11。

神，藉用日、月、動爻相互間的關係即能得知吉凶之兆象。所以用神的概念原則，務必要能清楚劃分，才能有效掌握吉凶之分判，以因應大衍之數在不同的事因而出現同一卦爻的深入探究。

6、出現伏藏

《火珠林》曰：「出現旺相，為久為遠，伏藏有氣，只利暫時。」註曰：「出現為重疊為再用為兩事，財官兩事出現旺相可宜久遠，若持世忌動。伏藏旺相更看日辰透出或伏世下可取，雖成立暫時不能久遠也。」[7]

按《火珠林》出現伏藏這兩個概念，是取自京房飛伏說的延伸應用。所謂出現重疊為再用，如乾卦為主後七卦（姤、遯、否、觀、剝、晉、大有）皆從《乾》卦中來其出現財，伏藏本就有財，故為重疊和再用兩事。所謂伏藏有氣只利暫時，先決條件要用神伏在世下方可取，不伏世下則不取也，謂之無氣只利暫時。

伏藏的作用在於用神爻沒出現時，作為參考的依據。但在占驗的實務上，用

7 見《火珠林》，頁16。

神不出現的原因有三：其一所求之事不會發生；其二所求之事可能沒有；其三卦神尚未查到所問之事。所以綜合以上之判斷會更接近事實，值得深思探究。男占財伏鬼、占財伏兄、占鬼伏財、官伏父母、官伏子孫、官鬼伏官，此六種均與伏藏有關，但限於篇幅故略之。

7、子孫獨發

《火珠林》曰：「子孫獨發，為退為散，若乘旺相，亦可求財。」註云：「子孫為傷官之神，發動更看變爻子孫，又為九流、忠良、福德、醫藥、蠶禽。」[8]

按《火珠林》子孫獨發，所謂遷依法而動全身，有動爻必有變卦。所變出的六親，均會影響吉凶的判斷，如《海底眼》一爻動變斷訣曰：

子孫發動傷官鬼，占病求醫神便痊，行人買賣身康泰，婚姻喜美是前緣，產婦當生子易養，詞訟空論事不全，謁貴求名休進步，守舊常占可自然。子化子兮陰小凶，舉訟興官理不周，子化官兮防禍患，占病憂疑盡不中，子化父兮防產婦，無中

8 見《火珠林》，頁26。

生有多頭緒，子化兄兮事不圓，脫詐人情疑莫去。[9]表示一爻動有不同休咎產生，故以錢代蓍法，得子孫爻發動了一連串的效應，可以說是由簡入繁與「大衍之數」單純化，大大不同。但相較之下，在占斷的詳細狀況更切入生活，確實是占驗細膩處，在實務是相吻合的。

除子孫獨發，尚有兄弟、妻財、父母、官鬼，均有其對應的變化，在此不多做論述，舉其一足以推及全部，重點在於五行的生剋制化關係，並非是很複雜，有如《周易》的卦爻辭，吉、凶、悔、吝、厲、無咎等交互出現，其實京房應有感於此盲點，而創造出的《八宮卦》。《火珠林》加以開發，以前民用，這樣的用心是符合道教占驗的需求的。

二、實事例証：「觀音佛祖會，地契鬧雙包案。」

近萬坪土地價值上億，地契鬧雙包，已纏訟十三年之久，尚未有結果。台北內

9 見曹九錫輯《易隱》，頁13。

湖觀音佛祖神明會，出現兩個曾圳後代，分別有清朝、日據時代文件証明所有權。

經黃姓友人請託，為這一件事藉用「大衍之數」來探尋究竟，同個神明會，相差百餘年。甲方說成立在清・乾隆時期，乙方說在日據時代設立。由於屬歷史文件，警方不提供鑑定，缺可比對的正本，技術上難辨真偽。

筆者分別為甲方與乙方各筮一卦，日期（前辭）是癸未年農曆二月十七日甲申旬，地點本服務處，筮問內容（命辭）：台北內湖觀音佛祖神明會，地契所有權的真偽。卜筮道具：祭拜過的香腳。（代替蓍草）

1、甲方筮辭（象辭）：甲方依序八七八八八七，本卦山水蒙。六爻僅出現七、八，沒六、九之變爻，依前述變占之法，均以本卦卦爻辭占之。

占辭曰：蒙，亨，匪我求童蒙，童蒙求我，初筮告，再三瀆，瀆則不告，利貞。

按朱熹《周易本義》解曰：「山下有險，蒙之地也；內險外止，蒙之意也。故其名蒙。『亨』以下占辭也。……筮者暗，則我當求人而亨在我。人求我者，當視其可否，而應之；我求人者，當至其精一而扣之。而明者之養蒙，與蒙者之自養，

又皆利于以正也。」[10] 很明顯甲方是真正的地主。（占辭）

2、乙方筮辭：依序是六九八八八七。本卦 蒙動初六與九二。

（1）按朱熹變法，二爻變當以上爻變占，即《蒙．九二》：「包蒙，吉。納婦吉，子克家。」

按朱熹認為：「九二以陽剛為內卦之主，統治群陰，當『發象』之任者，……故占者有其德而當其事，則如是而『吉』也。」[11]

（2）按高亨變占法，六爻營數為四十六，雖動兩爻，但宜變之爻在六四爻謂「遇蒙之八」，所以主要以本卦卦辭占之。

綜合朱、高兩變占，顯見其乙方似乎不單純，有其變數。本人除參考兩位之變占法，並客觀其中《蒙．初六》：「發蒙。利用刑人，用說桎梏，以往吝。」[12]

10 見《周易本義》，頁14–15。
11 見《周易本義》，頁15–16。
12 見《周易本義》，頁16。

按朱熹認為：以陰居下，蒙之甚也。占者遇此，當發其蒙。然發之道，當痛懲暫舍之，以觀其後。若遂往而不舍，則致羞吝矣。誡占吉當如是也。因此本人斷定乙方應是偽地主。（占辭）

結果（驗辭）：於民國九十六年七月三十一日，台灣高等法院民事判決：言詞辯論終結，乙方不得上訴。所以此雙包案由民國七十九年十二月十八日，由甲方在士林檢查庭提出告訴，至結案共十八年。

經此案例提示斷占應從多方來參酌，所謂「筮無定法」應「唯變所適」，才能精準的論斷。其實本筮例有兩個絃外之音：其一同是蒙卦；其二甲方不動，乙方有初六動爻，暗隱桎梏之提示。所以「大衍之數」基本上是在提供「絃外之音」，所謂神兆機於動，幾者動之微。只要稍加留意，就可以清楚明辨筮占的問題與結果，此「因應之道」當是「大衍之數」的意涵重點所在。沒有實務的用，就顯不出理論的體。可見實務與理論當合一，才能融會貫通。從實踐去透出《周易》本義，「大衍之數」才是研《周易》的敲門磚，並且才能持續發展出更精簡另類解《易》，雖殊途而同歸之法門待下章續論之。

三、今台灣太昊伏羲廟筮儀

1、燒香——點七支香（倍數四十有九），誠心祈請太昊伏羲八卦祖師聖籤，在廟裏指點迷津幫助您。

2、提示問題——寫上前文請示太昊伏羲八卦祖師……請示日期，將問題詳細記載，弟子某某，貴庚叩拜。

3、擲筊——擲筊一次指示問題是否清楚？若不清楚應更進步註明問題的範圍，再擲筊請示，直到問題清楚了為止。

4、等待——依問題種類及問卦時辰，需要不同的等待時間，提出問題後約三至五分鐘，可擲筊一次請示是否現在可以開始抽籤？（有的難題甚至要隔夜才能回答）。

5、抽出「後天籤」並取「籤紙」後天籤共兩筒，可輪流抽取，每抽出一根籤，應擲筊三次（象徵天地人），三次全為聖筊的後天籤，號碼就是您的答案，將籤放回籤筒，請到籤櫃按籤號取出「籤紙」。

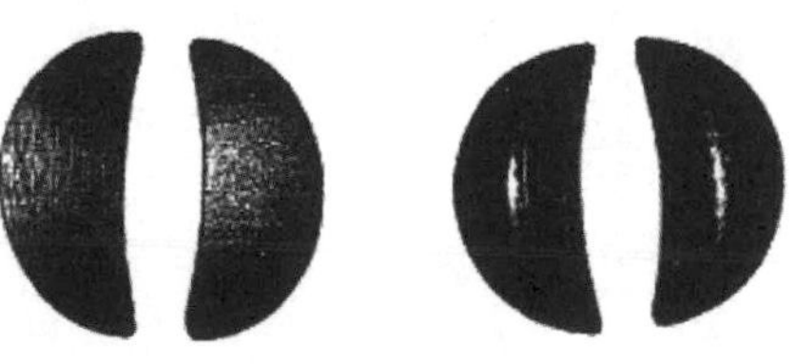

4-3-1 C1 聖筊- 表示可以　4-3-2 C2 笑筊- 問題不清或 神佛查核中　4-3-3 C3 陰筊- 不行

6、解籤——將籤紙及請示的問題，告訴薛住持，他將用薛氏祖傳的解籤法，告訴您接近事實的答案。

7、建議——若有人建議做些善功以改變逆境，請將這個意見當做改進方案，再抽籤請示，如果可行再決定是否要進行。

按台灣伏羲廟的筮儀，歸納七項，從燒香以至建議，擲筊取代了筮法流程，籤紙代替了六爻的結果；再根據問題與請示時間，由薛住持根據祖傳的祕法論斷，做出休咎之提示，並提出合理的建議，來做為趨吉避凶的人生指南。此特色與古代筮儀有繼承又有創新，大大的簡化流程，實符合當代經濟社會的需求。

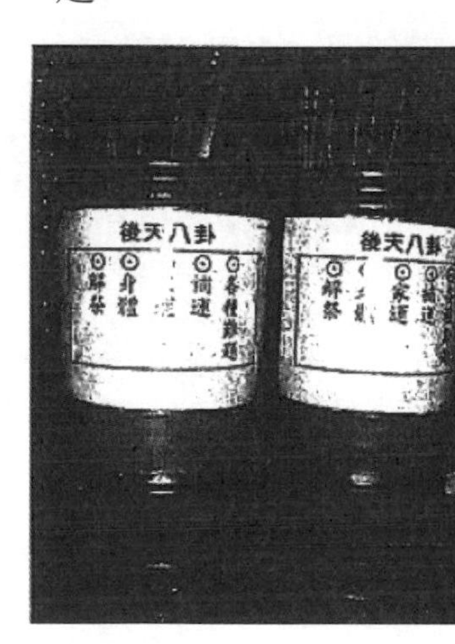

卦籤 伏羲聖帝 八卦祖師廟 [印]
廟址：台北市復興北路433號
年 月 日 甲 旬
乾為天
（金）世、身、應、
戌申午 辰寅子
伏 卦 父兄官 父才子
請纏在　　的家內或身上
方烈位神煞查收　　元財寶好才　　元及
貴事用神 小三牲飯菜叩謝

◎向八卦祖師發願行善！2.每月初一、十五日自動來本廟求安。
1.好人好事．敦親睦鄰．守望相助．3.自由敬獻本廟建廟基金．

消災解厄：彭榮輝・彭許文華敬獻

13　薛炎助師父是台灣伏羲廟住持，祖傳第五代，由南投發跡至台北城。

四、卦氣說「六日七分圖」

六日七分圖		
坎初六冬至十一月中	復六四蚯蚓結 六五麋角解	中孚公六日七分
	上六水泉動	復辟十二日十四分
九二小寒十二月節	臨初九雁北鄉	屯侯十八日一十一分
	九二雀始巢	謙大夫二十四日二十八分
	六三雉雊	睽卿三十日三十五分
六三大寒十二月中	六四雞乳 六五征鳥厲疾	升公三十六日四十二分
	上六水澤腹堅	臨辟四十二日四十九分
六四立春正月節	泰初九東風解凍	小過侯四十八日五十六分
	九二蟄蟲始振	蒙大夫五十四日六十二分
	九三魚上水	益卿六十日七十分
九五雨水正月中	六四獺祭魚 六五鴻雁來	漸公六十六日七十七分
上六驚蟄二月節	大壯初九桃始華	需侯七十九日一十一分
	九二倉庚鳴	隨大夫八十五日十八分
	九三鷹化為鳩	晉卿九十一日二十五分
震初九春分二月中	九四玄鳥至 六五雷乃發生	解公九十七日三十二分
	上六始電	大壯辟一百三日三十九分
六二清明三月節	夬初九桐始華	豫侯一百九日四十六分
	九二田鼠化為鴽	訟大夫一百十五日五十三分
	九三虹始見	蠱七一百二十一日六十分
六三穀雨三月中	九四萍始生 九五鳴鳩拂其羽	革公一百二十七日六十七分
	上六戴勝降于桑	夬辟一百三十三日七十四分

九四立夏四月節	乾初九螻蟈鳴	旅侯一百四十日一分
	九二蚯蚓出	師大夫一百四十六日八分
	九三王瓜生	比卿一百五十二日十五分
六五小滿四月中	九四苦菜秀 九五靡草死	小畜公一百五十八日二十二分
	上九麥秋至	乾辟一百六十四口二丨九分
上六芒種五月節	姤初六螳螂生	大有侯一百七十日三十六分
	九二鵙始鳴	家 人 大 夫 一 百 七 十 六 日 四十三分
	九三反舌無聲	井卿一百八十二日五十分
離初九夏至五月中	九四鹿角解 九五蜩始鳴	咸公一百八十八日五十七分
	上九半夏生	姤辟一百九十四日六十四分
六二小暑六月節	遯初六溫風至	鼎侯二百日七十一分
	六二蟋蟀居壁	豐大夫二百六日七十八分
	九三鷹學習	渙卿二百一十三日五分
九三大暑六月中	九四腐草化為螢 九五土潤溽暑	履公二百一十九日十二分
	上九大雨時行	遯辟二百二十五日十九分
九四立秋七月節	否初六涼風至	恆侯二百三十一日二十六分
	六二白露降	節大夫二百三十七日十二分
	六三寒蟬鳴	同人卿二百四十三日四十分
六五處暑七月中	九四鷹祭鳥 九五天地始肅	損公二百四十九日四十七分
	上九禾乃登	否辟二百五十五日五十四分

上九白露八月節	觀初六鴻雁來	巽侯二百六十一日六十一分
	六二玄鳥歸	萃大夫二百六十七日六十八分
	六三群鳥養羞	大畜卿二百七十三日七十五分
兌初九秋分八月中	六四雷始收聲 九五蟄蟲壞戶	辟公二百八十日二分
	上九水始涸	觀辟二百八十六日九分
九二寒露九月中	剝初六鴻雁來賓	歸妹侯二百九十二日十六分
	六二雀日大水為蛤	無妄大夫二百九十八日二十三分
	六三菊有黃華	明夷卿三百四日三十分
六三霜降九月中	六四豺祭獸 六五草木黃落	困公三百一十日三十七分
	上九蟄蟲咸俯	剝辟三百十六日四十四分
九四立冬十月節	坤初六水始冰	艮侯三百二十二日五十一分
	六二地始凍	既濟大夫三百二十八日五十八分
	六三雉入水化蜃	噬嗑卿三百三十四日六十五分
九五小雪十月中	六四虹藏不見 六五天氣騰地氣降	大過公三百四十日七十二分
	上六閉塞而成冬	坤辟三百四十六日七十九分
上六大雪十一月節	復初九鶡鳥不鳴	未濟侯三百五十三日六分
	六二虎始交	蹇大夫三百五十九日十三分
	六三荔挺出	頤卿三百六十五日二十分

五、制器尚象之職業取向

所謂「行行出狀元」、「男怕選錯行」、「女怕嫁錯郎」，這三句話看似平常，但與生活非常密切。從大學的甄試填志願表到一般從業人員，經常困擾著職業的抉擇。由於個人從事的行業使然，不得不尋出一條客觀而帶點神秘意味的答案，發現唯有靠「大衍之數」蓍卦，來得到一些寶貴的參考線索，並因而領悟到「制器尚象」就是最好依附準則。所以必須將《繫辭傳》的十三個制器尚象歸類成行業別，並將其餘的五十一個卦，用其「互卦」即卦中卦的原則，比附出最接近的職業，便能事半功倍。今限於篇幅僅舉七例，加以說明餘則倣之。

《繫辭傳下》云：

「古者包羲氏之王天下也，仰則觀象于天，俯則觀法于地，觀鳥獸之文，與地之宜，近取諸身，遠取諸物，于是始作八卦，以通神明之德，以類萬物之情。作結繩而為网罟，以佃以漁，蓋取諸離。」

按李光地引王氏孫子曰：

伏羲氏繼天立極，畫八卦以前民用，後之聖人相繼而作制為相生相宜之具，皆所以廣天地生生之德。自網罟至書契是也。古者網羅所致曰離。詩曰：魚網之設，鴻則離之。二體皆離，上下網羅之象。[14]

由以上可將《離卦》引申為漁牧業、網路業、人力銀行，一切有關網羅的行業均可適用於《䷝離》、《䷤家人》、《䷾既濟》、《䷿未濟》等四卦。[15]

又云：

「包犧氏沒，神農氏作，斫木為耜，揉木為耒，耒耨之利，以教天下，蓋取諸益。」《周易集解》引虞翻曰：「震足動耜，艮手持耒，進退田中耕之象也。」[16]

---

14 見李光地：《周易折中》下冊，頁1499。

15 《家人》與《既濟》兩卦的《離》象取自於互體。據李鼎祚《周易集解》所引虞氏《易》注，其說「互體」之象者略可見諸三類：第一類，以二至四爻，三至五爻互含兩個三畫卦。第二類，以初至五爻，二至上爻含兩個六畫卦。第三類，以初至四爻，二至五爻，三至上爻互含三個六畫卦。見《象數與義理》頁135–136。

16 〔唐〕李鼎祚輯：《周易集解》，（台北市：臺灣商務，1968年），頁365。

由上述引申為農耕之相關職業，可適用於《䷩益》、《䷐隨》、《䷘無妄》以及《䷨損》取其綜卦，[17]共四卦。

又云：

「日中為市，故天下之民，聚天下之貨，交易而退，各得其所，蓋取諸噬嗑。」李鼎祚引翟元曰：「離象正上故稱日中也。坎水艮山，群珍所出，聚天下之貨之象也。震升坎降，交易而退，噬嗑食也。市井交易，飲食之道也。」[18]

由上述引申為商業以及食品和法律等相關職業，可適用於《噬嗑》、《賁》等二卦。

又云：

「黃帝堯舜垂衣裳而天下，治蓋取諸乾、坤。」李鼎祚引虞翻說：「乾為治，在上為衣，坤下為裳。（坤六五：黃裳，元吉。）乾坤萬物之緼，故以象衣

17 見《象數與義理》，明代《易》家來知德撰《周易集江》，發明「綜卦」、「錯卦」等說，其「綜卦」即本於虞翻的「反卦」之例。如《屯》與《蒙》，《師》與《比》，即是兩個相綜也。

18 見《周易集解》，頁364–365。

裳。乾為明君，坤為順臣，百官以治，萬民以察，故天下治，蓋取諸此也。」[19]

由上述引申為服飾和政治之相關行業，可適用於《䷀乾》、《䷁坤》、《䷆師》、《䷇比》、《䷌同人》、《䷍大有》、《䷒臨》、《䷓觀》、《䷖剝》、《䷗復》、《䷫姤》等十一卦。

又云：

「刳木為舟，剡木為楫，舟楫之利，以濟不通，致遠以利天下，善取諸渙。」李鼎祚引九家易說：「木在水上，流行若風，舟楫之象也。巽為長，為木。艮為手，乾為金，艮手持金。故刳木為舟，剡木為楫也。乾為遠天故濟不通，致遠以利天下矣。法渙而作舟楫，蓋取斯此義也。」[20]

由上述引申為海上運輸造船等相關行業，可適用於《䷺渙》、《䷮困》、《䷻節》等三卦。

又云：

19 同前註，頁365。

20 同前註，頁366。

「服牛乘馬，引重致遠，以利天下，蓋取諸隨。」

李鼎祚引虞翻說：

「否上之初也，否。乾為馬，坤為牛，為重。坤初之上為引重，乾上之初為致遠。艮為背，巽為股，在馬上，故乘馬。巽為繩，繩束縛物，在牛背上，故服牛。出否之隨，引重致遠，以利天下，故取諸隨。」[21]

又云：

「重門擊柝，以待暴客，蓋取諸豫。」

由上述引申為陸上交通運輸之相關行業，可適用於《䷐隨》、《䷑蠱》等二卦。

李鼎祚引九家易說：

「下有艮象，從外示之，震復為艮，兩艮對合重門之象也。坼者，兩木相擊以行夜也。艮為手，為小木，為止持。震為足，又為木為行。坤為夜，即手析木夜行，擊門之象也。坎為盜，虣水虣長無長，故以待暴客，既有不虞之

21 同前註，頁366。

備，故取諸豫矣。」[22]

由上述引申為保全、軍警、保險之相關行業，可適用於《䷏豫》、《䷎謙》等二卦。

其他未納入十三條制器尚象的卦有《䷢晉》、《䷣明夷》、《䷲震》、《䷴漸》、《䷜坎》、《䷼中孚》，依照前例可將《䷢晉》適用於旅遊業，因互卦有旅卦之象；《䷣明夷》適用於心靈諮詢師，因互卦有解除之象；《䷲震》適用於祭祀科儀法事之相關行業，因震為祭主；《䷴漸》適用於婚姻喜慶之相關行業，因漸卦女歸吉與婚姻相關；《䷜坎》適用於和水資源與養生之相關行業，因坎水和互卦有頤之象；《䷼中孚》最適合做醫生救人之相關行業，因中孚為誠信之主，醫師所重的是醫德，貴重誠實面對病人做最好的醫療。

以上將六十四卦部分納入參考職業與科系，供一些六神無主的人們，提供一些另類的思維尚有不周之處，僅供參考。以上是筆者對「大衍之數」之用途所做的陳述。

22 同前註，頁366。

六、吉、凶、悔、吝、厲、無咎詳解

1、趨吉

「大衍之數」的目的就是要求出一個參考的答案，因此所占得卦爻辭出現了「吉」徵兆，顯示應該積極進取的行動，然而《周易》的吉又有六種之多。

（1）吉：如乾用九「乾，群龍無首，吉。」[23]筮得的卦象是九九九九九九。完全從純乾到純坤的卦，是非常的吉祥，表示要好好的把握一切，逆勢大翻轉之象徵。如屯六四：「乘馬班如，求婚媾，往吉，無不利。」[24]筮得的卦象是七八八六七八，動六四爻。表示關於婚姻大事之進行，開始有困難，但可以積極努力去爭取，必能成功。如蒙九二：「包蒙，吉。納婦吉，子克家。」[25]筮得卦象是八九八八八七，動九二爻。表示開墾荒地，從事農業生產和成家生子都相

23 高亨著《周易古經通說》，（台北市：華正書局，民94年），頁133。
24 見《周易通義》，頁10。
25 見《周易通義》，頁12。

當吉利的一種啟示。如師九二：「在師中，吉，無咎，王三錫命。」[26]筮得卦象八九八八八八，動九二爻。表示戰爭能獲得勝利，若用在當前表示投資會有收穫，應該積極的去爭取創業投資的機會。如升卦：「元亨，用見大人，勿恤，南征吉。」[27]筮得卦象是八七七八八八。表示只要用對了人，就不用擔憂，往南征戰可獲得勝利，引申此事可以積極的進行，在用對人做對的事，必能大有所獲，尤其是往南發展。舉此五例純粹用簡易的判斷，依高亨的統計有七十五條，有泛言「吉」者，如乾用九「見群龍無首，吉。」是也。有指事言「吉」者，如蒙九二「納婦吉。」是也。有指人言「吉」者，如否六二「包承，大人吉。」是也。有指時言「吉」者，如歸妹六五「月幾望，吉。」是也。[28]高亨將吉細分成純粹的和人、事、時應可包括地和物如，南征吉、畜牝牛吉，這樣更完美。

（2）初吉，中吉，終吉：如既濟「初吉，終亂。」，訟：「有孚窒惕，中吉，終凶。」，需九二：「需于沙，小有言，終吉。」，需上六：「入於穴，有

26 見《周易通義》，頁18。
27 見《周易通義》，頁91。
28 見《周易古經通說》，頁136。

不速之客三人來，敬之終吉。」，訟初六：「不永所事，小有言，終吉。」，訟六三：「食舊德，貞厲，終吉。」，履九四：「履虎尾，愬愬，終。吉」，蠱初六：「幹父之蠱，有子考，無咎，厲，終吉。」，賁六五：「賁于丘園，束帛戔戔，吝，終吉。」，家人上九：「有孚威如，終吉。」，鼎九三：「鼎耳革，其行塞，雉膏不食，方雨虧悔，終吉。」。[29]以上十一條以事的階段而分，主要的意義在提示占筮者得到了卦象以後，如是「初吉，終亂。」很明顯地表示不要得意太早，沒有好的結局，本人有實務上的占筮，確實如此。至於「中吉，終凶。」用在訴訟上是非常貼切，有時也應在生意和婚姻上，只是短暫的勝利，美好的收穫，到最後均難得善終。出現最多的「終吉」，對人而言，是一種激勵振奮人心，只要堅持到底，最終均能成功，給筮者莫大的信心與支撐。

（3）**貞吉：**在卦辭出現五次，如師：「貞丈人吉。」，旅：「小亨，旅貞吉。」，需：「有孚光亨，貞吉。」，坤：「安貞吉。」，頤：「貞吉，觀頤，自求口實。」表示筮得的卦象六爻均不變而得吉兆的有此五卦，可積極行事，其餘34

29 見《周易古經通說》，頁136。

條貞吉，均散佈各爻辭。如需九五：「需于酒食，貞吉。」，比六二：「比之自內，貞吉。」，遯九五：「嘉遯，貞吉。」，大壯九二：「貞吉。」，未濟九二：「曳其輪，貞吉。」試舉五例，依高亨注解，貞吉，猶言占吉，謂筮得此卦爻則吉也。[30]也就是筮得之卦象有爻變貞問吉祥的有34條，可積極進取去做。

（4）大吉：如家人六四：「富家，大吉。」，萃九四：「大吉，無咎。」，升初六：「允升，大吉。」，鼎上六：「鼎玉鉉，大吉，無不利。」，小過：「飛鳥遺之音，不宜上，宜下，大吉。」[31]筮得卦爻象有大吉者，如同上上籤，更應該好好把握這難得之大好機會。

（5）元吉：如坤六五：「黃裳，元吉。」，訟九五：「訟，元吉。」，履上九：「視履考祥，其旋元吉。」，泰六五：「帝乙歸妹以祉，元吉。」，復初九：「不遠復，無祇悔，元吉。」，大畜六四：「童牛之牿，元吉。」，離六二：「黃離，元吉。」，損：「有孚，元吉。」，損六五：「或益之十朋之龜，弗克違，元

30 見《周易古經通說》，頁136。
31 見《周易古經通說》，頁136。

吉。」，益九五：「有孚惠心勿問，元吉，有孚惠我德。」，萃九五：「萃有位，無咎，匪孚元（元下疑有脫吉字），永貞悔亡。」，井上六：「井收勿幕，有孚，元吉。」，鼎：「元吉，亨。」，渙六四：「渙其群，元吉。」高亨認為這十五條元吉與大吉同義，[32]也就是筮得了以上十五條均大吉大利，有利於人事之一切，積極運用可獲得禎祥。

（6）引吉：唯一出現在萃六二：「引吉，無咎。」按李鏡池說：引吉就是永吉，長期吉。[33]筮得卦象八六八七七八，動六二爻。如用在現在的卜筮語言，就是占問一年或半年或一季或一月的運勢，所得到的結果是吉利的，也就是可積極進取去營運。

2、避凶

「大衍之數」對於筮得凶象，表示將有禍殃，因此要懂得迴避，這是人謀之

32 見《周易古經通說》，頁137。

33 見《周易通義》，頁90。

外，透過鬼謀，[34]所得到的不祥訊息，非常合乎《乾：九三爻》所說：「君子終日乾乾，夕惕若。厲，無咎。」[35]的精神。今按凶分類述之：

（1）凶：如師初六：「師出以律，否，臧，凶。」筮得此卦象六七八八八八，動初六爻。按李鏡池說：行軍要有紀律，紀律不好則打敗仗。作者從戰爭經驗得出軍事學理論，很精確。[36]若用在當下就是提示為什麼會失敗的原因，提供了具體貼切的迴避以及反思的指導方針。直言「凶」象在《周易》中有三十一次做為警示。

（2）終凶：如訟：「有孚窒惕，中吉，終凶。」筮得的卦象八七八七七七，不動的訟卦。按李鏡池說：中吉，終凶。意謂有一段時間沒事，但奴隸終於逃跑了。[37]若用在當今表示筮問的人目前的處境只是暫時順利而已，畢竟到最後還是失敗

34 人謀，講由人謀畫。鬼謀，通過卜筮來得到的結果。
35 見《周易通義》，頁2。
36 見《周易通義》，頁17。
37 見《周易通義》，頁15。

的結局，若能得到啟示做好心理準備，損失將會減少，這得歸功於「大衍之數」因而體悟。

（3）有凶：如臨：「元亨。利貞，至於八月有凶。」筮得卦象七七八八八八，不變的臨卦。按李鏡池說：「至於八月，有凶。」當是旱占，《禮記．玉藻》：「至於八月，不雨，君不舉。」《孟子》：「七八月之間旱。」作者引舊筮辭比喻，以旱之望雲霓喻民之望治。[38] 由上以知若筮得此卦，若用在農業或用水有關行業均要有相當的迴避與準備，如從事農業應當選擇甘旱的農作物來播種如甘蔗之類以應天時，以避旱象，多層思維有益無害。

（4）貞凶：如師六五：「長子帥師，弟子輿尸，貞凶。」按高亨所注，貞，正也。貞指「長子帥師」。凶指「弟子輿尸」。此言用長子得其正，用次子招凶禍，雖正亦凶。[39] 若用在當今而言，提示失敗的原因常源自於用人不當，這意謂著失敗是可以避免的。從經驗總結出四條失敗的原因當有助於「大衍之數」之推斷，不

38 見《周易通義》，頁40。

39 見《周易大傳今注》，頁94。

純迷信，實有理智的判斷。

3、震悔

「大衍之數」筮得之卦象而出現「悔」字，表示介於吉凶之間，有如黎明前的黑暗，只要能積極行動，能悔其過，還是有脫困的機會，因此稱為震悔。然而悔也有一些層度上的不同，今分類述之：

（1）悔：如家人九三：「家人嗃嗃，悔，厲，吉。」筮得卦象七八九八七七，動九三爻。按李鏡池說：貧苦之家哀號愁嘆，嗷嗷待哺，但可以由貧苦而轉好。[40] 若用在當今的氛圍最常見，表示苦日子不會太久，只要認真行動這，是一種磨練，也是好事。因此由「大衍之數」得到啟示，發揮了鼓舞的作用，對人生幫助很大。

（2）有悔：如乾上九：「亢龍，有悔。」筮得卦象七七七七七九，動上九

40　見《周易通義》，頁74。

爻。按高亨說：比喻人處困境，乃較小之不幸，故筮遇此爻有悔。[41] 用在當下應當說有一些麻煩，是來自於當事人沒有知所進退的智慧所致，應當記取教訓。

（3）**悔有悔**：如豫六三：「盱豫，悔，遲有悔。」筮得卦象八八六七八八，動六三爻。按李鏡池說：思想遲鈍，糊塗猶豫不定，夠糟了；再加上行動遲緩，舉棋不定，那就更糟；所以悔而又悔。[42] 若用在當下啟示筮問之人，意謂情況愈來愈糟糕，如是開店營業的人，要趕快結束營業，不可再虧下去，定是無底洞。

（4）**無悔**：如渙六三：「渙其躬，無悔。」筮得卦象八七六八七七，動六三爻。按李鏡池說：洪水沖到身上來了，但終於脫險，所以「無悔」。或因會游泳，或因有人搶救。[43] 若用在當今啟示筮問之人，意謂事情必然有不利之發生，然而能靠自己的智慧或遇貴人的救助因而得救，經驗如此。

（5）**悔亡**：試舉革卦：「巳日乃孚，元亨，利貞。悔亡。」筮得卦象

41 見《周易大傳今注》，頁46。
42 見《周易通義》，頁35。
43 見《周易通義》，頁117。

七八七七七八，不變的革卦。按高亨說：祭祀之日乃行罰；又筮遇此卦，可舉行大享之祭；乃有利之占問，其悔可亡。[44]又按李鏡池說：到了祭祀那天才去提俘虜來做人牲。「元亨，利貞。」與「悔亡」吉凶相反，為不同時之占。[45]兩者之解釋是決然的不同，非有相當經驗是無法判讀，然而本人比較傾向李鏡池的看法，有關「悔亡」基本上是不好的結局，尤其是在結尾有「悔亡」。誠如改朝換代，在最後的那一位君王下場都是很不理想，而得以証明當時作者的用心，隱喻於「悔亡」兩字。既有以上之紛歧則有待下章作進 一步之補述。

4、往吝

「大衍之數」筮得之卦象而出現「吝」時，意謂著從吉走向凶的情境，猶人執迷不悟，所以稱之為「往吝」。然而吝亦須分類述之。

44 見《周易大傳今注》，頁307。
45 見《周易通義》，頁97。

（1）吝：如屯六三：「即鹿無虞，惟入于林中，君子幾，不如舍，往吝。」筮得卦象七八六八七八，動六三爻。按李鏡池說：打獵到了山腳下，山深林密，又沒有獵戶做嚮導，考慮不要進入樹林中去的問題，君子很機智，認為不如不去，進去是困難的，不但打不到禽獸，還會有危險。[46] 各家注解均大同小異，若用在當今對筮問的人來說，意謂著隔行如隔山，不是自己專業的領域，不能盲目的投資，不然將遭遇困難。所以「往吝」就是進入困難，也就是由光明步向黑暗的情境一樣，此筮辭蘊涵著深層的哲理，值得深思。

（2）小吝：如噬嗑六三：「噬腊肉，遇毒，小吝，無咎。」按高亨說：用齒嚼干肉遇毒，毒僅在口中，未咽入腹內，是有小小之艱難，未成災咎。[47] 若用在當今對筮問者而言，中毒未深或是傷害不重，只要有心試圖挽救尚可，有如外遇或剛吸毒之類，因六三位不正處多凶的環境，就像一個人意志不夠堅定，隨時會面臨困難。

46 見《周易通義》，頁10。

47 見《周易大傳今注》，頁168。

（3）**終吝**：如家人九三：「家人嗃嗃，悔，厲，吉。婦子嘻嘻，終吝。」筮得卦象七八九八七七，動九三爻。按李鏡池說：貧苦之家哀號愁嘆，嗷嗷待哺，但可以由貧苦而轉好；富貴之家嘻嘻作樂，驕奢淫逸，終歸倒霉。[48] 若用在當今筮者而言，意謂著當下的處境有兩種省思，一是內部的管理和外在的環境將面臨著必然的結果。亦所謂創業惟艱守成不易，從家庭延伸到事業的一種隱喻。

（4）**貞吝**：如泰上六：「城復于隍，勿用師，自邑告命，貞吝。」筮得卦象七七七八八六，動上六爻。按李鏡池說：攻破城牆，崩倒在城濠裡。本來可以攻進去的，但從邑裏來了命令，要停止前進。「貞吝」是占得不吉之兆。古人戰必占卜，或進或止，都按占兆進行。這裏說命令停止前進與占得不吉之兆有關，說明泰中有不泰的成分。[49] 若用在當今筮者而言，好像是易如反掌輕而易舉之事，然而卻又不利進行，這就好像台北貓空纜線的貓空地區商家，本想可大肆擴大規模來營業，豈知會有地基掏空之意外事件，這一個卦象是以讓人們省思，有形的是表面，尚有

48 見《周易通義》，頁74。

49 見《周易通義》，頁27。

無形的，必須做好防備才不致遭到莫名其妙之損失，尤其對於有風險之投資諸如雷曼兄弟之連動債，太多人一夕之間，投資毀於一旦。凡事如能參考城復于隍此爻辭之警示，相信在人生之事業中可免於重大損失，這就是「大衍之數」之重要用途。

5、危厲

「大衍之數」筮得之卦象而出現「厲」時，意謂著當前的處境進入了危險階段，有警訊的誡語，茲分類述之：

（1）厲：如既濟上六：「濡其首，厲。」筮得卦象七八七八七六，動上六爻。按高亨說：渡水而水沾濕其首，雖未溺死，然亦險矣。[50] 又李鏡池說：或指車過河時，車頭跌進水裡，很危險。[51] 由以上之解讀，人首攸關生命，車首攸關財產，兩者雖異，但「危險」是確定的。因此若用在當今筮問之人，所面臨的危急近在眼前

50　見《周易大傳今注》，頁373。

51　見《周易通義》，頁126。

不可輕忽。在《周易》中此爻面臨的危險，沒有附帶的條件，所以筮到此爻，將無可避免。

（2）有厲：如大畜初九：「有厲，利已。」筮得卦象九七七八八七，動初九爻。按李鏡池說：有危急的事發生，古人必祀。[52] 若用在當今之筮問者而言，面臨危急之事，諸如車禍意外、無妄之災。筮到此爻，先到宮廟去解祭，所謂除了醫生之外，再藉由宗教的儀式雙管齊下效果更佳。本人在此爻的經驗確實如此，與古人相仿。

（3）貞厲：如旅九三：「旅焚其次，喪其童僕，貞厲。」筮得卦象八八九七八七，動九三爻。按高亨說：旅客之住舍被火所焚，失其男奴隸，其事危險，故占得此爻有危險。[53] 若用在當今之筮問者而言，意謂著此次的旅行要注意火災的事。因本人有一次到大陸時亦曾占得此爻，有應証到小火警發生於用電湯匙不慎燒毀地毯之事件，印象深刻。由此啟示出外旅行，占筮吉凶是有其必要的，所謂小心能駛萬年船。

52 見《周易通義》，頁52。
53 見《周易大傳今注》，頁343。

6、補過無咎

「無咎」在《周易》是出現最多的，有在前面的，有在中間，有在最後，意涵大致差不多。共有九十三條之多，按高亨的說法《周易》所謂「咎」比悔為重，比凶為輕。悔乃較小之困厄，凶乃巨大之禍殃，咎則較輕之災患也。[54] 依本人多年的經驗比較傾向於「善補過」之說。誠如高亨所說就是較輕的災患，當然是只要善補過就能大事化小，小事化無，所以稱之為「補過無咎」。

以卜筮者尚其占的確是「大衍之數」的壓軸，占斷不知如何適從，就影響到判斷，所謂「善易者不用占」，本人則視為對以卜的吉、凶、悔、吝、厲、無咎不清楚的人，不適宜做占斷的神聖工作。更認為其善易的精神是不知者不占才是貼切的，更何況「大衍之數」的相關訊息在《繫辭傳》佔了相當的份量，所以在《朱熹本義》附錄中收入《啟學啟蒙》，使讀者知古聖賢以卜筮教人之本義。[55] 前面所述的有關論斷的尚有一些不夠周延的，在下面的章節將繼續陳述以臻完備。

54 見《周易古經通說》，頁143。

55 見《周易本義》，點校凡例。

七、百位數字與象意

	大衍之數	卦象	之卦	應變之爻	宜變之爻	蘊意
1	777787	同人				天下一同，有利君子
2	697777	夬	大有	12	0	決裂有厲，大有思維
3	877788	咸				心電感應，心想事成
4	897889	隨	豫	6	0	隨意行事，懈怠無功
5	889988	小過	坤	5	0	過與不及，有容乃大
6	877897	兌	隨	9	0	和氣生財，隨緣自在
7	786887	頤	噬嗑	11	0	虎視眈眈，企圖旺盛
8	898878	坎	師	7	0	用心學習，效法賢人
9	879998	大過	比	5	0	涉險圖謀，親朋扶持
10	778786	漸	家人	12	1	谷底起飛，家人相親
11	979777	乾	需	9	4	躍躍欲試，他日騰達
12	986768	艮	恆	11	2	當止則止，立心用恆
13	767969	離	訟	11	2	黃離元吉，光明勝訟
14	788976	蠱	損	10	3	整頓宜速，懲忿窒慾
15	877888	萃				萃聚共享，利有攸往
16	888987	明夷	復	7		明夷南狩，收復疆土
17	889868	豫	師	8		有備無患，介石中正
18	898889	屯	坤	5	5	屯膏小吉，坤順厚德
19	788777	大畜				不家食吉，利涉大川
20	887988	小過	豫	7		過於偏激，適度調整
21	988988	艮	坤	5		敦厚樸實，有容乃大
22	878777	需				耐心等待，陰陽和合
23	797778	姤	鼎	10		不期而遇，鼎力相助
24	777899	履	否	8		履道坦坦，否極泰來
25	867996	恆	隨	10		恆常之心，隨境轉換

	大衍之數	卦象	之卦	應變之爻	宜變之爻	蘊意
26	999697	履	明夷	6	6	視履考祥，艱貞其事
27	888789	明夷	謙	7		光明受創，謙尋明主
28	788977	大畜	損	9		良馬奔馳，為道日損
29	878887	震				長者之風，處變不驚
30	878796	井	既濟	10		井道不改，既成事實
31	888999	泰	坤	4		三陽開泰，廣被澤福
32	878886	比	屯	10		福貴親比，屯聚互補
33	779788	遯	漸	9		君子之道，漸入佳境
34	876886	比	隨	12		比之過甚，隨遇調整
35	788888	剝				剝去不利，攸攸前往
36	797688	否	旅	10	3	包羞之恥，隱退大吉
37	799877	履	損	8	5	如履薄冰，先損後得
38	888888	坤				先迷後得，有利西南
39	777897	履	無妄	10		履道坦坦，無妄奢求
40	989889	賁	坤	4		修飾過度，徒勞無功
41	679867	隨	中孚	12		希望相隨，衷心誠服
42	877689	隨	咸	10	4	隨有求得，感同身受
43	698888	比	剝	8	5	網開一面，不被剝奪
44	777788	遯				事事低調，避開小人
45	888988	謙	坤	6		謙德受益，廣土眾民
46	787688	晉	旅	11		急難救助，險旅當前
47	787778	鼎				鼎力相助，大吉大利
48	997779	乾	恆	7	6	天行運轉，永恆不息
49	788898	蒙	剝	7		包蒙納婦，剝下安上
50	789687	噬嗑	賁	10	3	噬嗑遇毒，賁如無咎

	大衍之數	卦象	之卦	應變之爻	宜變之爻	蘊意
51	7 6 9 7 8 8	旅	漸	10		旅吉譽命，漸進有功
52	9 8 9 8 8 7	噬嗑	復	6	6	何校滅耳，其來復吉
53	9 9 7 8 7 9	履	解	6	6	視履考祥，作事謀始
54	8 9 7 8 8 8	萃	豫	7		萃位無咎，建侯行師
55	7 7 6 7 8 7	家人	同人	13		柔性管理，經濟優先
56	8 7 8 8 9 8	坎	比	7		多習德行，親近善人
57	6 7 8 9 6 8	蹇	渙	11	2	王臣蹇蹇，渙其險阻
58	7 7 9 9 8 7	同人	益	8		大同思想，利益分享
59	7 9 8 7 8 9	家人	艮	7		嚴性管教，不可妄動
60	8 9 9 7 8 9	革	謙	5	5	革除弊病，謙虛接受
61	8 8 8 6 7 8	師	升	10	3	過分干涉，難升士氣
62	8 8 7 7 8 9	豐	小過	8		配合得宜，低調處理
63	8 7 9 8 7 6	困	節	10		君子困道，節以制度
64	7 9 8 8 7 7	中孚	損	9		誠心助人，當損則損
65	7 6 6 8 8 8	剝	否	12		抽絲剝繭，否極泰來
66	7 7 7 7 8 6	遯	同人	13	1	遯之大吉，和同君子
67	7 7 8 8 8 7	益		10		有福同享，利上加利
68	6 8 8 9 8 7	明夷	頤	9		明夷南狩，頤養貞吉
69	9 8 7 7 7 7	大有	大壯	10		不知惜福，物壯則老
70	8 8 7 6 7 7	歸妹	大壯	12		魚目混珠，無法過關
71	8 8 7 7 9 9	大壯	小過	7		大壯利貞，小過得宜
72	8 8 6 8 9 6	師	震	10		規律行事，處變不驚
73	7 8 7 8 7 7	睽				同中求異，小事吉利
74	6 8 7 8 9 8	解	晉	9		赦過宥罪，自昭明德
75	7 9 8 8 9 8	渙	剝	6		渙奔其機，剝陰反陽

	大衍之數	卦象	之卦	應變之爻	宜變之爻	蘊意
76	8 7 7 8 7 8	困				龍困淺灘，有言不信
77	8 9 8 8 9 8	坎	坤	5	5	坎坷衝突，先天定數
78	7 8 8 8 7 7	損				損下益上，懲忿窒慾
79	8 8 8 7 8 8	謙				謙虛為懷，盈滿招損
80	8 7 7 6 9 8	困	咸	10	3	坐困愁城，全神貫注
81	6 7 8 8 7 8	坎	渙	11		有孚心亨，遠離險境
82	9 8 7 7 7 9	大有	恆	8		創業惟艱，守成不易
83	6 6 8 8 9 9	臨	觀	9		君臨天下，有福顯若
84	7 9 8 8 6 6	觀	損	11	2	以管窺天，損失很大
85	6 9 7 9 8 6	咸	噬嗑	10	3	老少咸宜，適合交易
86	8 6 7 8 8 9	震	萃	9		震驚百里，利有攸往
87	7 8 7 7 8 9	離	旅	9		日照萬國，旅有收穫
88	7 8 8 8 8 8	剝				撥雲見日，一陽復始
89	8 8 8 9 8 8	謙	坤	6		勞苦功高，有容乃大
90	9 7 9 9 7 6	姤	節	8		取之不易，節制行事
91	8 8 7 8 8 7	震				動則有利，自我做主
92	7 8 8 8 6 7	頤	損	11	2	頤養不足，損下益上
93	9 8 7 7 8 8	旅	小過	8		客旅他鄉，如度小月
94	7 9 8 8 8 7	益	頤	8		有孚惠心，修行有益
95	8 7 9 6 9 9	兑	蹇	7		心想事成，利見大人
96	9 7 8 9 8 8	漸	比	6		鴻漸于陸，比吉永貞
97	9 8 7 8 7 9	睽	解	7	6	小事吉利，化解危機
98	9 8 7 9 7 8	鼎	解	7	6	權力鼎盛，迎刃而解
99	9 9 9 7 8 8	遯	謙	5	5	急流勇退，謙卑為懷
100	9 9 8 7 7 9	小畜	升	6	6	蓄積以成，升至高點

八、用洛書九數演化「人命配卦」

（一）由方圖相生圖概念的啟示

【方圖相生圖】

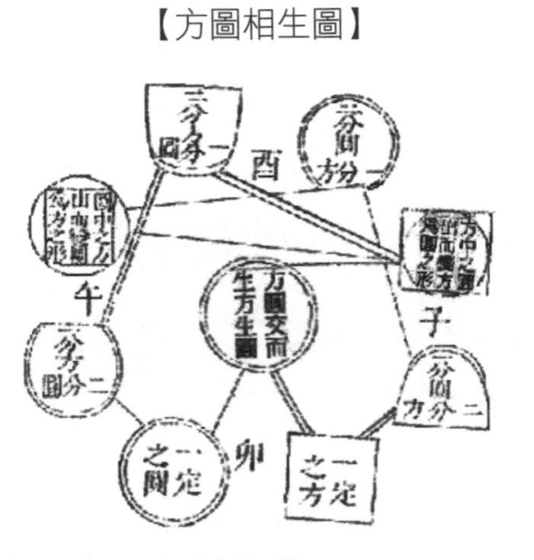

【八卦圖】

震巽

離　　坎

兌　　艮

乾坤

張仲純曰：「鄭氏云古先天圖，揚雄《太玄》、關子明《洞極》、魏伯陽《參同契》、邵堯夫《皇極經世》而已。惜乎雄之《太玄》，子明之《洞極》，仿《易》為書，泥于文字，後世忽之，以為屋上駕屋，頭上安頭也。伯陽之《參同契》，意在鍛煉而入于術，于聖人之道，又為異端也。堯夫擺去文煦小衍而著書，天下又不原之，但以為律曆之用。難以哉！四家之當，皆出于古先天圖，先天圖其《易》之原乎，復無文字解注，而世亦以為無用之物也。今予作方圓圖注腳，此之四家為最簡易，而四家之意，不出于吾圖之中，于《易》之學為最要。」[56]

按張仲純的圖文得知，他用方圓相生圖來解說，揚雄等四人的學說，相當有意思。因天地生萬物，不離天圓地方，所以圓中有方，方中有圓；亦即代表著陽中有陰，陰中有陽。用在人際關係上，即是一種彼此包容，又是同理心之意。

胡煦注方圓相生圖曰：「一定之圓，《乾》也。一定之方《坤》也。一分尚方，圓及二分者，《兌》也。圓中之方，《離》也。二分方，一分變圓者，《震》也。二分圓，一分變方者，《巽》也。方中之圓，《坎》也。一方尚圓，方及二分者，《艮》也。以方圓為陰陽，依橫圖之次序之，未免好奇之過，第其二老在下，或別有所取也。」[57]

56 見《大易象數鉤深圖》，頁182–183。

57 見《河圖洛書解析》，頁134。

由以上得知胡煦將方圓視作陰陽爻，排列的組合恰好乾坤艮兌同西四命在下面，震巽坎離東四命在上面。所謂東四命、西四命即術數家的用語，用在配置陽宅的一種依據。今把它用在人的氣數上作為人際互動的一種參考。

（二）由洛書九宮方位的啟示

由北斗七星繞北極星所確定的方位，反映在洛書九數和八卦九宮上，就展示出八涸不同的方位。

洛書之三和八卦之震宮，為正東方，於人為震命。

洛書之四和八卦之巽宮，為東南方，於人為巽命。

洛書之九和八卦之離宮，為正南方，於人為離命。

洛書之二和八卦之坤宮，為西南方，於人為坤命。

洛書之七和八卦之兌宮，為正西方，於人為兌命。

洛書之六和八卦之乾宮，為西北方，於人為乾命。

洛書之一和八卦之坎宮，為正北方，於人為坎命。
洛書之八和八卦之艮宮，為東北方，於人為艮命。
洛書之五和八卦之中宮，為天心，於人為五黃命，男寄二坤女寄八艮。[58]

把洛書九數、八卦九宮、八個方位三種要素綜合起來，就形成紫白九星，再配上人的出生遊年，就可以知道「人命配卦」。

（三）由九星運行的時間畫分之啟示

洛書九宮飛星，加入了時間的因素，就具有應用的價值，這個時間的因素，就是「三元九運」。

相傳在公元前二六九七年，黃帝命大橈以干支紀年，定此年為黃帝元年，甲子為始元，往後每六十年為一甲子週期，俗稱「六十花甲」。一個花甲定為一元，三

58 胡京國著《古易玄空學新探》，（廣東：花城出版，1998年6月），頁26–27。

個花甲定為三元。三元分上元、中元、下元，合180年。由黃帝開始迄今（一九八三年止）共有七十八個花甲。每一個花甲為一大運，至今已經歷了七十八個大運。[59]

依此類推公元2009年已進入到第七十八個大運之下元運八艮運，遊年運到九離，今年出生的男命屬離卦，女命屬六乾。計算方式如下：

男命：以100減去出生年後兩數，除以9，如果除得盡就是九紫離命，除不盡餘數為某數就是某種卦命。例如，公元一九五八年出生用100減去58等於42，除9得餘數6，所以得知其命卦為六乾命。

女命：出生年後兩數減4除9，如如果除得盡就是九紫離命，除不盡餘數為某數就是某種卦命。例如公元一九六四年出生用64減去4，除9得餘數6，所以得知其命卦為乾卦。[60]

---

59 見《古易玄空學新探》，頁29–31。

60 見《古易玄空學新探》，頁93–95。

【男、女性九氣表】

男性九氣表								
二黑土	三碧木	四綠木	五黃土	六白金	七赤金	八白土	九紫火	一白水
1926	1925	1924	1923	1922	1921	1920	1919	1918
1935	1934	1933	1932	1931	1930	1929	1928	1927
1944	1943	1942	1941	1940	1939	1938	1937	1936
1953	1952	1951	1950	1949	1948	1947	1946	1945
1962	1961	1960	1959	1958	9157	1956	1955	1954
1971	1970	1969	1968	1967	1966	1965	1964	1963
1980	1979	1978	1977	1976	1975	1974	1973	1972
1989	1988	1987	1986	1985	1984	1983	1982	1981
1998	1997	1996	1995	1994	1993	19992	1991	1990
四綠木	三碧木	二黑土	一白水	九紫火	八白土	七赤金	六白金	五黃土
女性九氣表								

由以上三個啟示衍化出，不同年出生的男女有不同的卦命，因此就會產生不同的性格，所以在人際關係上就必須做適當的調整。《易．文言傳》：「九五曰：飛龍在天，利見大人，何謂也？子曰：同聲相應，同氣相求。水流濕，火就燥，雲從龍，風從虎，聖人做而萬物睹。本乎天者親上，本乎地者親下，則各從其類也。」[61]因此要利見大人必須知其類，從其性，才能創造雙贏局面，這就是「人命配卦」應用於人際關係之所在。

所以同命卦的人理念比較接近，而與不同命卦的人必須彼此包容，異中求同或同中求異，這就是處理人際關係的另類思考。試舉同命卦與不同命卦的分別如下：

乾坤艮兌命對乾坤艮兌命，坎離震巽命對坎離震巽叫同命卦；乾坤艮兌對坎離震巽叫不同命卦。

人際關係的好壞影響到一個人的成就很大，因此藉由「大衍之數」具有筮之德圓而神與卦之德方以知的關係，逐步的推展出「人命配卦」。這是本人多年來的一種經驗累積，經由從事的工作分享給親朋好友，確實得到很多的迴響。

61 見《周易本義》，頁312。

參考書目

壹、中文：

（一）專書：

1.王博：《易傳通論》（北京：中國書店，2003年）。
2.王振復著：《巫術：周易的文化智慧》，（浙江：古籍出版，1990年）。
3.王譞著：《京房易傳》（台北市：武陵，2001年）。
4.王渝生著：《中國算學史》（上海：上海人民出版社，2006年）。
5.王斯福〔英〕著，趙旭東翻譯：（南京：江蘇人民出版，2008年）。
6.吳文俊主編：《中國數學史大系》第一卷（上古到西漢）（北京：北京師範大學出版社，1998年）。
7.李豐楙、朱榮貴主編：《儀式、廟會與社區》（台北市：中研院文哲所籌備處，1996年）。
8.李豐楙、朱榮貴主編：《性別、神格與台灣宗教論述》（台北市：中研院文哲所，1997年）。
9.李鏡池著：《周易探源》（北京：中華書局，2007年）。
10.李零主編：《中國方術概觀》（北京：人民中國出版，1993年）。
11.李繼閔著：《算法的源流》（北京：科學出版社，2007年）。
12.金景芳、呂紹綱：《周易全解》（吉林省：新華書店，1989年）。
13.屈萬里著：《先秦漢魏易例述評》，（台北市：學生書局，1984年）。
14.杭辛齋撰：《辛齋易學》（台北市：夏學社出版，1980年）。
15.林忠軍主編：《歷代易學名著研究上．下》（濟南：齊魯書社，2008年）。
16.林屋山人王洪緒輯：《增補卜筮正宗》（台灣：竹林書局）。
17.周立升：《兩漢易學與道家思想》（上海：文化出版社，2001年）。
18.南懷瑾、徐芹庭註譯：《周易今註今譯》（台北市：台灣商務，1984年）。
19.胡自逢著：《先秦諸子易說通考》（台北市：文哲史出版社，1974年）。
20.俞曉群著：《數術探秘》（北京：生活、讀書、新知三聯書店，1994年）。
21.徐紹錦校輯：《斷易天機》（台北市：武陵，1997年）。

22. 徐元誥撰，王樹民、沈長雲點校：《國語集解・周語》（北京：中華書局，2002年）。
23. 徐芹庭著：《易圖源流》（台北市：國立編譯館，1993年）。
24. 徐芹庭著：《兩漢十六家易注闡微》（台北市：五洲出版社，1975年）。
25. 高亨著：《周易古經通說》（台北市：華正書局，2005年）。
26. 高亨著：《周易大傳今注》（濟南：齊魯書社，2003年）。
27. 洪萬生等著：《數之起源》，中國數學史開章《算數書》（台北：台灣商務，2006年）。
28. 孫國中主編：《河圖洛書解析》（北京：學苑出版社，1990年）。
29. 高懷民著：《兩漢易學史》（廣西，桂林市：廣西師範大學出版社發行，2007年）。
30. 張其成著：《易圖探秘》（北京：中國書局，1999年）。
31. 張其成主編：《易學大辭典》（台北縣中和市：建宏，1996年）。
32. 張其成著：《象數易學》（北京：全國新華書店，2003年）。

33.張善文著：《象數與義理》（遼寧：教育出版社，1993年）。
34.紹錦校輯：《斷易天機》（台北市：武陵，1997年）。
35.曹九錫輯：《易隱》（台北市：育林，1998年）。
36.馮友蘭著：《中國哲學史》（台北市：台灣商務，1993年）。
37.程元如著：《易冒》（台北市：集文，1987年）。
38.黃慶萱著：《周易縱橫談》（台北市：東大發行，1995年）。
39.楊家駱主編：《中國學術編類・新教本漢書並附編兩種》，（鼎文書局）。
40.湯用彤著：《魏晉玄學論稿》（台北：廬山出版社，1972年）。
41.詹石窗著：《易學與道教符號揭祕》（台北市：大展，2003年）。
42.趙旭東譯：《帝國的隱喻》（南京：江蘇人民出版社，2008年）。
43.瑞安、趙聞起著：內功第二集《靜坐與易經》（台灣中華書局，1986年）。
44.劉永明主編：《增補四庫未收術數類古籍大全》第三集《易占集成》，第一冊《火珠林・序》（江蘇：廣陵古籍刻印社）。
45.劉大鈞，林忠軍譯注：《周易》經傳白話解（上海：上海古籍出版社，2006

年）。
46. 黎瑞山編：《關於哲學的100個故事》（台北：宇河文化，2007年）。
47. 黎光著：《筮學通考》——隱易千金斷之〔理法卷〕（九龍：中國哲學文化）。
48. 郭俊義、劉英編著：《易經應用大觀》（江西：江西高校出版，1997年）。
49. 歐陽維誠著：《易學與數學奧林匹克》（北京：全國新華書店，2003年）。
50. 劉大鈞主編：《象數易學研究》（濟南：齊魯書社，1996年，余和群〈過揲法的概率研究〉）。
51. 劉興隆撰：《新編甲骨文字典》（台北：文史，2000年）。
52. 董方苑著：《台灣民宅門楣八卦牌守護功用的研究》（台北縣：稻鄉出版，1996年）。
53. 陳炳元著：《奇門易數》（台北市：周琴發行，1983年）。
54. 陳炳元著：《易鑰》（台北市：弘道文化事業有限公司，1976年）。
55. 陳炳元著：《河圖象說》（台北市：及文書局，1977年）。

56.陳鼓應著：《易傳與道家思想》（台北市：台灣商務，1994年）。
57.賴貴三主編：《台灣易學史》（台北市：里仁，2005年）。
58.盧央著：《京房易傳解讀》（北京：九州出版社，2004年）。
59.謝祥榮撰：《周易見龍》（成都：巴蜀書社，2000年）。
60.蕭洪恩著：《易緯文化揭秘》（北京：中國書店，2008年）。
61.鄭景峰增註：《增註第一卜書》（台南市：大孚，1999年），野鶴老人著《增刪卜易》改版。
62.鄭吉雄著：《易圖象與易詮釋》（台北市：喜馬拉雅基金會，2002年）。
63.嚴靈峯著：《易學新論》（台北市：正中書局，1969年）。
64.嚴靈峯著：《無求備齋易學論集》（北京：中國社會科學出版社，1995年）。
65.顧頡剛編著：《古史辨》第三冊，（南海出版社，1931年）。

（二）引用論文：

1、期刊論文：

（1）季旭昇著：〈古文字中的易卦材料〉，收入劉大鈞主編：《象數易學研究》第三輯（成都：巴蜀書社，2003年）。

（2）康全誠著：《清代易學八家研究上、下》，收入林慶彰主編《中國學術思想研究》集刊第五冊，（台北縣永和市：花木蘭出版社，2008年）。

（3）黃偉倫：〈王弼易學與魏晉易學——周易大衍之法及其蘊含的思想〉。（2008年）。

（4）喬家駿著：《焦氏易林易學研究》，收入林慶彰主編《中國學術思想研究》集刊第二冊，（台北縣永和市：花木蘭出版社，2008年）。

（5）趙中偉編著：《易學專題講義彙編》，〈輔大中文系論文篇〉（2007年9月）。

（6）廖名春：「大衍之數」章與帛書《繫辭》（收錄中國文化叢刊，1993年秋季號九，風雲時代出版公司）。

（7）賴錫三：《陳摶的內丹學與象數學——「後天象數」與「先天超象數」的統合》，中國文哲研究集刊，第二十一期，2002年9月。

（8）賴貴三著，焦循：《雕菰樓》易學研究，收入林慶彰主編《中國學術思想研究》集刊第四冊，（台北縣永和市：花木蘭出版社，2008年）。

（9）龔鵬程著，孔穎達：《周易正義》研究，收入林慶彰主編《中國學術思想研究》集刊第三冊，（台北縣永和市：花木蘭出版社，2008年）。

2、學位論文：

（1）江弘毅：《宋易大衍學研究》，（台大中文所博士論文，1990年）。

（2）趙中偉撰《周易「變」的思想研究》，（輔仁大學中國文學研究所博士論文，1994年）。

（三）古籍：

1.〔漢〕鄭玄注〔唐〕賈公彥疏：《儀禮注疏》收入李學勤主編《十三經注疏》（北京：北京大學，1999年）。
2.〔漢〕鄭玄注：《禮記鄭注》（台北：中華書局，1981年）。
3.〔漢〕鄭康成注：《易緯・乾坤鑿度》（台北：新文豐出版，1987年）。
4.〔漢〕鄭玄撰，〔宋〕・王應麟編：《周易鄭康成註》，《影印六淵閣四庫全書》第七冊，臺灣商務。
5.〔漢〕京房撰：《京氏易傳》，《欽定四庫術數全集》第十八冊（逸群圖書，1984年）。
6.〔漢〕班固撰：《漢書・藝文志》，楊家駱主編：《中國學術類篇》（台北市：鼎文書局）。
7.〔漢〕班固撰，〔唐〕顏師古注：《漢書》（台北：鼎文書局，1991年）。
8.〔漢〕許慎，〔清〕段玉裁注：《新添古音說文解字》，增修版（台北：洪葉文化，1999年）。

9.〔漢〕司馬遷撰：《史記》（台北：登福出版【白話史記】1997年）。
10.〔漢〕王弼著：《周易略例》，嚴靈峯編輯：《無求備齊易經集成》之一四九，（成文出版社，1976年）。
11.〔漢〕王弼，韓康伯《注》，〔唐〕孔穎達《疏》：《周易》（台北：中文出版社，1971年，9月影印，清嘉慶二十年，阮元用文選樓藏宋刊《十三注疏》本）。
12.〔漢〕王弼注，紀昀校訂：《老子道德經》（台北市：文史哲，1997年）。
13.〔晉〕杜預注，〔唐〕孔穎達等正義：《左傳》（台北：中文出版社，1971年9月影印。〔清〕嘉慶二十年，阮元用文選樓藏宋刊《十三經注疏》本）。
14.〔唐〕李鼎祚輯：《周易集解》（台北市：臺灣商務，1968年）。
15.〔宋〕朱熹撰：《周易本義》，收入《四庫全書》，《易學精華》中冊，影印，（山東：齊魯書社）。
16.〔宋〕朱熹撰，李一忻點校：《周易本義‧易學啟蒙》（北京：九州出版，2004年）。

17.〔宋〕黎靖德編，王星賢點校：《朱子語類》．卷66第四冊，（北京：中華書局，2007年）。

18.〔宋〕劉牧：《易數鈎隱圖序》，收於《正統道藏》第四冊洞真部，靈圖類，（台北：新文豐出版，1985年）。

19.〔宋〕丁易東撰：《大衍索隱．卷二》，收入《四庫全書》子部，大衍索隱卷二，第十二冊，（彰化縣：逸群圖書）。

20.〔宋〕邵雍著，陳明點校：《皇極經世書》（上海：學林出版社，2003年）。

21.〔宋〕胡瑗撰：《周易口義》，收入《影印文淵閣四庫全書》第八冊，（台灣商務）。

22.〔宋〕楊萬里撰：《誠齋易傳》，收入《影印文淵閣四庫全書》第十四冊，（台灣商務）。

23.〔宋〕黎靖德編：《朱子語類》（北京：中華書局，1986年）。

24.〔宋〕程頤著：《易程傳》（台北市：文津出版社，1987年）。

25. 〔宋〕李光著：《讀易詳說》，收入《四庫全書》珍本初集經部易類（輔大0826008，2–1）。

26. 〔宋〕李杞撰：《周易詳解》，載《影印文淵閣四庫全書》第十九冊，（台灣商務）。

27. 〔宋〕歐陽修，宋祁撰：《新唐書．二十七卷》，楊家駱主編《中國學術類編》，（台北市：鼎文書局）。

28. 〔宋〕邵康節著：《梅花心易數理大全》，（台南：龢巨出版，1990年）。

29. 〔宋〕邵雍著，陳明點校：《康節說易全書》，（上海：學林出版社，2003年）。

30. 〔元〕張理撰：《易象圖說》收入《四庫全書》，（齊魯書社，影印版）。

31. 〔元〕張理：（仲純），《易象圖說內篇》，收入《正統道藏》第四冊，（台北市：新文豐，1985年）。

32. 〔明〕來知德著：《易經來註圖解》（台南市：大千世界，1973年）。

33. 〔清〕黃宗羲：《易學象數論》（北京：九州出版社，2007年）。。

34.〔清〕王夫之撰：《船山易學》（台北市：廣文書局，1981年）。
35.〔清〕胡渭撰：《易圖明辨》（北京：中華書局，2008年。
36.〔清〕李光地撰：《周易折中》（台中市：瑞成，1998年）。
37.〔清〕陳立撰，吳則虞點校：《白虎通疏證》（北京：中華書局，1994年）。
38.〔清〕尚秉和著：《周易尚氏學．周易古筮考序》（北京：九州出版社，2005年）。
39.〔清〕永瑢等傳：《四庫全書總目》（北京：中華書局，1965年）。
40.《廣寧通玄太古真人郝宗師道行碑》，見《甘水仙源錄》及《歷世真仙體道通鑑續編》卷三。
41.黃奭撰：《京房易章句》，載於王謨撰：《京房易傳》（台北：武陵，2001年）。
42.南通徐昂著：《京氏易傳箋卷三》，收入王謨撰：《京房易傳》（台北市：武陵，2001年）。

43.長生陰真人註：《周易參同契卷上》，收入《正統道藏》第三十四冊，太玄部，映字號。
44.鬼谷子著：《鬼谷子全書》（台北市：集文書局，1993年）。

貳、外文：

專書

1.〔日〕井上聰著：《先秦陰陽五行》（湖北：湖北教育出版社，1997年）。
2.〔日〕高島吞象著，〔清〕王治本譯，孫正治點校：《高島易斷》上下冊，（北京：北京圖書館出版社，1997年）。
3.〔英〕Feuchtwang,Stephan,The Imperial Metaphor:Popular Religion in China,Talor&Francis Group in 2001.

附錄　《火珠林》的占驗法

第一例：占父病，得解之困。春月辛未日

本宮卦震為雷

六親	世應	爻	地支
妻財	世	〃	戌
官鬼		〃	申
子孫		＼	午
妻財	應	〃	辰
兄弟		〃	寅
父母		＼	子

（震木世三）解之困

六親	世應	爻	地支
妻財		〃	戌
官鬼	應	╳	申－酉
子孫		〃	午
子孫		＼	午
妻財	世	〃	辰
兄弟		＼	寅

火珠林法批斷：

1. 占父母之病以父母爻為用神。故取伏於本宮震卦父母爻子水為用神。
2. 卦中金鬼獨發，二爻土財忌神持世，一般都以為是凶象。
3. 我道：此卦吉也。乃看本宮八純震卦子水父母伏在寅木之下，雖云泄氣，但喜得金鬼之神獨動，又透日辰未土牛之，自然能生父也。但又不宜旁爻土財持世，喜得伏下寅木兄弟剋之，後果無事。以上摘之《斷易天機》。

按此例之占斷，後世稱之絕處逢生，元神發動幫助用神，又《火珠林》法重在本宮之世下伏神以及動爻之伏神，均對父母（子水）有利，故終無事。

第二例：婚姻占

庚寅年、戊寅月、甲寅旬、癸亥日。男占婚，得〈復〉之〈頤〉。六爻酉子動化官與亥財合，月日又值財官世應又合，兩家俱肯，婚大吉也。但五爻亥財自刑，婦性峭刻貌美，面尖微黑，初爻單，則足小也。（摘自《易隱》）

坤宮

子孫	世	⚋	酉
妻財		⚋	亥
兄弟		⚋	丑
官鬼	應	⚋	卯
父母		⚋	巳
兄弟		⚋	未

復之頤

子孫		×	酉－寅（官）
妻財		⚋	亥
兄弟	應	⚋	丑
兄弟		⚋	卯
官鬼		⚋	巳
妻財	世	⚋	未

火珠林法批斷：

1. 火珠林法取〈復卦〉本宮〈坤卦〉五爻的妻財爻亥水為用神。
2. 卦中世應代表雙方家庭，現世應相合，表示雙方家長俱同意此婚事。
3. 主卦〈復〉財官相生相合，又是六合卦，上爻子孫發動化出官鬼寅木，與本宮五爻的用神妻財亥水相生合，且月日又值財官，卦中財官兩旺，表示男女雙方感情融洽，占婚大吉之象。
4. 用神五爻妻財亥爻與日神自刑，表示女子性格有偏執而且冷峻刻薄，此美中不足也。
5. 用神亥水與年月日相合又逢日建旺相，長相貌美，皮膚微黑因用神臨亥，水中藏木。

按此例乃以火珠林法論斷，取本宮為用神兼看主卦動爻合斷，所綜合的占斷，重點在大原則，占婚姻男女雙方家長均滿意即是好姻緣，其他的小細節可以不必太過深究，凡事不能太完美，否則天忌良緣。

第三例：占失物可尋否

戊子年、亥月、壬子日、甲辰旬，得〈蹇〉之〈咸〉。予曰：可也。

兌宮

六親	世應	爻	地支
父母	世	\\	未
兄弟		\	酉
子孫		\	亥
父母	應	\\	丑
妻財		\	卯
官鬼		\	巳

蹇之咸

六親	世應	爻	地支
子孫		\\	子
父母		\	戌
兄弟	世	X	申－亥
兄弟		\	申
官鬼		\\	午
父母	應	\\	辰

火珠林法批斷：

1. 火珠林法取本宮〈兌卦〉二爻妻財（卯木）為用神。
2. 主卦兄弟申爻化子孫亥爻，生本宮妻財卯木又逢日月俱旺相故可尋。
3. 用神卯木逢旬空，近應出空之日，遠應出空之月，故於己丑年卯月尋得，又在家宅東方。

此案例乃本人幫學員解卦的親身經歷，驗証火珠林法有其獨特的地方而且靈驗。《火珠林》上的占驗本人得到了一些心得，占斷任何占卜法，首須要熟讀《易》理，因如六十四卦在《雜卦傳》就有一些暗示語如〈乾〉剛〈坤〉柔（求君父之道於乾剛，求臣子之道於坤柔）。比樂師憂（比卦歡樂，師卦憂愁）。〈漸〉，女歸待男行，〈歸妹〉，女之終也。此兩卦均與終身大事有關。又詳三百八十四爻，如占婚，〈蒙〉九二曰：納婦吉。〈蒙〉六三：勿用取女。爻神已直接告予吉凶，何勞再做其他探究，所以每一種占卜法當在補先前不足之處以發明之，從「大衍之數」到「京房八宮卦」到「火珠林」均是在對《周易》更圓滿做努力，以前民用，火珠林法對後世的影響，尚在不斷的開發以其更符合當下的需要，如《鬼谷子全書》、邵康節《梅花易數》、《卜筮正宗》、《野鶴老人、增刪卜易》等等均遵循前人的腳步，合者留，不合時宜者刪，所以就有《增補卜筮正宗》、《增註第一卜書》等書的問世，所以《周易》為體，「大衍之數」為用，是精研《易》理的不二法則，窮則獨善，達則兼善，唯有多識前言往行和實例占驗兩相參照，期能臻天人合一與《易》奧通為最高理想，則須再探究邵康節之《梅花易數》更能體會貫通。

國家圖書館出版品預行編目資料

不可思議的占卜法／大衍之數與占驗／黃輝石著.
－－第一版－－臺北市：知青頻道出版；
紅螞蟻圖書發行，2011.12
面　公分－－(Easy Quick；118)
ISBN 978-986-6030-14-7（平裝）

1.易占

292.1　　100025368

Easy Quick 118

不可思議的占卜法—大衍之數與占驗

作　　者／黃輝石
校　　對／楊安妮、周英嬌、黃輝石
發 行 人／賴秀珍
榮譽總監／張錦基
總 編 輯／何南輝
出　　版／知青頻道出版有限公司
發　　行／紅螞蟻圖書有限公司
地　　址／台北市內湖區舊宗路二段121巷28號4F
網　　站／www.e-redant.com
郵撥帳號／1604621-1　紅螞蟻圖書有限公司
電　　話／(02)2795-3656（代表號）
傳　　真／(02)2795-4100
登 記 證／局版北市業字第796號
法律顧問／許晏賓律師
印 刷 廠／卡樂彩色製版印刷有限公司
出版日期／2011年 12 月　第一版第一刷

定價 300 元　港幣 100 元

ISBN 978-986-6030-14-7　　Printed in Taiwan